PROJET

D'INSTRUCTION SUR LE TIR

DES

CARABINES D'INFANTERIE.

Imprimerie de Cosse et J. Dumaine, rue Christine, 2.

PROJET D'INSTRUCTION

SUR LE TIR

DES

CARABINES D'INFANTERIE.

PAR UN OFFICIER DE L'ÉCOLE NORMALE DE TIR
DE VINCENNES.

PARIS

LIBRAIRIE MILITAIRE DE J. DUMAINE,

ANCIENNE MAISON ANSELIN,

Rue et passage Dauphine, 36.

1849

AVERTISSEMENT.

Ce projet d'instruction a été rédigé pour l'utilité des quatre bataillons d'infanterie chargés d'expérimenter les fusils rayés, à tige et à balle oblongue. Il pourra servir en même temps à préparer MM. les officiers et sous-officiers d'infanterie, qui n'ont point ces armes entre les mains, aux études indispensables pour que le nouveau système d'armement de l'infanterie produise immédiatement, s'il est adopté, les grands résultats qu'il est permis d'en attendre.

Le travail que nous publions contribuera aussi, nous l'espérons, à l'adoption de ces armes, en montrant à ceux qui sont appelés à prendre cette mesure, que tous les éléments qui peuvent en garantir le succès sont à présent disponibles, et que non-seulement l'arme, ses munitions et tous ses accessoires satisfont pleinement à toutes les conditions du service, mais qu'en outre, l'instruction pratique, à laquelle cette arme obligera les troupes d'in-

1.

fanterie, ne présentera aucunes difficultés sérieuses.

On verra, du reste, en comparant cet essai aux instructions déjà mises en pratique dans les régiments d'infanterie et dans les bataillons de chasseurs à pied, que les principes et les méthodes actuellement en usage dans l'armée, pour l'instruction du tir, ne sont changés en rien dans notre projet, et qu'il n'est pour ainsi dire que la copie de l'instruction en usage dans les bataillons de chasseurs. Il n'y a, en effet, sous le rapport du tir, aucune différence essentielle entre les carabines à tige des chasseurs à pied, et les fusils carabinés proposés pour l'armement de l'infanterie.

Nous avons cru devoir abandonner, dans cette instruction, la dénomination de *fusil*, qui ne convient pas pour des armes carabinées, dans lesquelles d'ailleurs n'existe plus, depuis longtemps, la platine à silex qui, à l'époque de son adoption, avait fait donner au mousquet le nom de *fusil*. Nous désignerons sous le nom de *carabines d'infanterie*, les fusils rayés à tige et à balle oblongue, dont nous nous occupons dans ce projet.

PROJET

D'INSTRUCTION SUR LE TIR

DES

CARABINES D'INFANTERIE.

TITRE PREMIER.

Bases de l'instruction de tir dans les régiments d'infanterie.

PREMIÈRE PARTIE.

Des Instructeurs et de leurs attributions.

Dans chaque régiment, l'instruction de tir, placée, comme toutes les autres parties du service, sous l'impulsion et sous la responsabilité du chef de corps, sera confiée à la direction particulière du lieutenant-colonel et à la surveillance des chefs de bataillon.

Un capitaine spécialement désigné sera chargé des fonctions d'instructeur de tir, sous la direction du lieutenant-colonel.

Un lieutenant ou un sous-lieutenant, dans chaque bataillon, exercera les fonctions de lieutenant instructeur de tir; il sera, quant à ses fonctions spéciales, sous les ordres et à la disposition du capitaine instructeur.

Il y aura dans chaque compagnie un sergent instructeur de tir.

Le lieutenant-colonel sera, ainsi qu'il vient d'être dit, chargé de diriger l'instruction de tir.

Il se fera rendre compte par le capitaine instructeur du degré d'instruction des jeunes soldats (1), et par les chefs de bataillon, des progrès des anciens dans les compagnies. Il veillera à ce que MM. les officiers acquièrent les connaissances théoriques et pratiques nécessaires pour diriger leurs soldats dans les exercices de tir.

Il contrôlera la tenue des livrets de tir; il s'assurera que les classes de tireurs sont formées comme le prescrit la présente instruction.

Il présidera une conférence qui aura lieu, chaque mois, au jour fixé par le colonel, et à laquelle assisteront les chefs de bataillon et les capitaines. Dans cette conférence, dont le sujet sera déterminé un mois à l'avance par le président, le capitaine instructeur ou un autre officier, désigné par le lieutenant-colonel, développera les principes qui servent de base à la théorie et à la pratique du tir.

Le lieutenant-colonel réglera l'emploi des munitions, fixera, d'après les ordres du colonel, les jours et heures des séances d'instruction; enfin, il cen-

---

(1) Dans cette instruction, on désigne sous la dénomination de jeunes soldats, les hommes qui n'ont point encore parcouru la série entière des exercices du tir à la cible et des feux d'infanterie.

tralisera tout ce qui a rapport à l'instruction de tir dans le régiment.

L'instruction du régiment, à l'exception de celle des jeunes soldats, se fera par bataillon et par compagnie, sous la surveillance et sous la responsabilité du chef de bataillon et des capitaines. *Le chef de bataillon* devra, par conséquent, veiller à ce que l'instruction soit donnée régulièrement dans toutes les compagnies, à ce que les résultats de tir soient exactement mentionnés sur les livrets à ce destinés. Il tiendra note des remarques que la pratique pourrait lui suggérer, et en rendra compte au lieutenant-colonel. Il veillera au bon emploi des munitions et à leur répartition.

Le capitaine instructeur fera la théorie aux lieutenants et sous-lieutenants réunis aux jours et heures indiqués par le colonel sur le tableau du service journalier. Il dirigera dans leurs fonctions les officiers instructeurs ; il sera exclusivement chargé avec ces officiers de former des sous-officiers instructeurs et de diriger l'instruction des jeunes soldats en ce qui concerne le tir. Il tiendra le livret de tir du régiment. Il réglera, d'après les ordres du lieutenant-colonel, la répartition des munitions entre les compagnies. L'officier d'armement du corps lui sera adjoint pour la conservation du matériel de tir et des munitions. Pendant toute la durée des exercices de tir, le capitaine instructeur sera exempt du service de place et de semaine.

Le lieutenant ou *le sous-lieutenant instructeur* de chaque bataillon sera chargé de former un sous-officier instructeur et un élève instructeur par compagnie. Il fera la théorie du tir à tous les sous-officiers de son bataillon et à quelques caporaux des plus intelligents. Il sera chargé, sous les ordres du capitaine instructeur, de l'instruction des jeunes soldats de son bataillon. Il tiendra les livrets de tir du bataillon. Il assistera aux exercices de tir des compagnies, et, chargé d'en constater les résultats, il répondra devant le chef de corps des erreurs qui pourraient être commises, soit dans le relevé des coups ayant touché la cible, soit dans les dimensions du but, soit dans la mesure de la distance. En un mot, il secondera, en tout ce qui concerne l'instruction de tir, le chef de son bataillon, d'une part, et, de l'autre, le capitaine instructeur. Pendant toute la durée des exercices de tir, les lieutenants ou sous-lieutenants instructeurs de tir seront exempts du service de place et de semaine.

Le sous-officier instructeur de chaque compagnie sera chargé d'instruire les jeunes soldats, sous les ordres du lieutenant instructeur du bataillon. Il assistera à tous les tirs de sa compagnie, lors même qu'il serait employé à l'instruction des jeunes soldats, et prendra note des balles mises dans la cible par chaque tireur. Il recevra les munitions des mains de l'officier d'armement, et les distribuera suivant les ordres de son capitaine. Il sera chargé du transport, de la conservation, de la réparation des cibles et du matériel d'instruction. Il tiendra à jour le livret de tir de la compagnie. Pendant toute la durée des exercices de tir, les sergents instructeurs seront exempts du service de place et de semaine.

DEUXIÈME PARTIE.

Méthode suivie dans l'instruction sur le tir; degré d'instruction correspondant au grade.

L'ordre ou la méthode suivie dans cette instruction résulte de l'analyse des notions diverses qu'il faut posséder et des différentes opérations que l'on doit effectuer, pour obtenir de la carabine d'infanterie, et en général d'une arme à feu portative, les meilleurs résultats possibles.

Pour que la carabine d'infanterie produise les effets que l'on peut attendre de son feu, il faut :

1° Que le soldat connaisse les différentes parties et les accessoires de la carabine, qu'il sache la démonter, la remonter et l'entretenir convenablement. La troisième partie du titre premier renferme tout ce qui est nécessaire à cette première base de l'instruction du tir. On devra enseigner aux jeunes soldats, à leur arrivée au corps, tout ce qui est relatif, dans cette troisième partie, à la nomenclature, au démontage, au remontage et à l'entretien de leurs armes. Les jeunes soldats seront instruits de ces détails dans leurs compagnies par le sergent instructeur de tir. Une théorie sur la nomenclature, l'entretien, le démontage et le remontage des carabines, est faite dans chaque compagnie aux caporaux et anciens soldats, par le lieutenant ou le sous-lieutenant de semaine, sous la surveillance du capitaine;

Les officiers s'aident, pour cette instruction, des sous-officiers et des caporaux instruits qu'ils emploient comme moniteurs;

2° Que le soldat exécute régulièrement le chargement de l'arme. L'école du soldat et l'article 4 de la 3ᵉ partie du titre 1ᵉʳ contiennent tout ce qui est nécessaire pour cet objet;

3° Que les règles de tir de la carabine soient connues du soldat, c'est-à-dire qu'il sache de quelle manière il doit diriger son arme, suivant la distance de l'ennemi;

4° Qu'il soit exercé à estimer les distances, afin de pouvoir appliquer les règles de tir;

5° Que le soldat sache viser;

6° Qu'il prenne dans le tir une position qui lui permette :

De viser commodément;

De conserver facilement l'immobilité du corps;

De ne point pencher la hausse et le guidon à droite ni à gauche;

De supporter le recul;

7° Qu'en agissant sur la détente pour faire partir le coup, le tireur ne dérange point le canon.

Telles sont toutes les notions théoriques et tous les détails d'exécution qu'un tireur doit mettre en pratique pour obtenir généralement de la carabine les meilleurs effets que cette arme comporte.

Si l'on passe en revue les différents détails d'exécution ci-dessus indiqués, on verra que, pour y exercer le soldat, il n'est pas nécessaire qu'il tire d'abord réellement; que l'on peut simuler successivement toutes les opérations, tous les mouvements dont se compose le tir, et donner au soldat l'habitude de ces opérations et de ces mouvements, avant de lui faire brûler une seule cartouche à balle.

Ainsi, le soldat apprendra facilement à viser, si

l'on a soin de ne l'occuper que de cette seule partie de l'instruction du tir. Il s'habituera vite et facilement aux positions les plus commodes pour le tireur, si pendant quelque temps on ne lui fait faire autre chose que prendre, garder et quitter ces positions. Ayant vaincu séparément ces deux premières difficultés du tir, il parviendra à les vaincre réunies, et saura viser en conservant la position prescrite. Dès lors, on pourra l'amener à faire partir le coup sans déranger l'arme en agissant sur la détente. Le tampon sera mis sur la cheminée pendant cet exercice, et le soldat, pour abattre le chien, sera obligé au même mouvement qu'il ferait si l'arme était chargée et s'il voulait faire feu. Quand il saura exécuter ce mouvement du premier doigt de la main droite, il sera exercé à l'exécuter en visant et en conservant les positions prescrites.

Parvenu à ce degré d'instruction pratique, le soldat n'aura plus d'autres difficultés à vaincre dans le tir réel, que celles qui proviennent de l'explosion de la cartouche et du choc de l'arme contre l'épaule, au moment de l'inflammation de la charge. Il surmontera ces difficultés d'autant plus facilement, qu'il sera mieux affermi dans la position du tireur, qu'il gardera cette position avec plus d'aisance, qu'il la prendra plus naturellement en vertu de l'habitude acquise.

Pour l'habituer à la détonnation, on commencera par le faire tirer avec des capsules seulement, en veillant à ce qu'il conserve l'immobilité de l'arme et la régularité de la position du tireur, tout en visant comme il aura déjà appris à le faire.

Pour s'habituer à l'effet du recul, il devra brûler quelques cartouches sans balles, en se conformant à tout ce qui aura été prescrit et exécuté précédemment.

Telle est la marche naturelle que l'on devra suivre dans l'instruction pratique du tir. Elle amènera le soldat à surmonter, une à une, toutes les difficultés de cette pratique; à devenir un adroit tireur, avant d'avoir tiré une seule fois la carabine chargée à balle.

En joignant à cette instruction pratique l'instruction théorique strictement nécessaire pour que le soldat sache donner à son arme la direction déterminée par la distance du but, on sera certain d'obtenir, dans le tir, des résultats bien supérieurs à ceux auxquels on arriverait, si l'on faisait passer les hommes, sans préparation, de l'école du soldat au tir à la cible.

Quand le soldat aura été exercé au tir à la cible, à diverses distances, jusqu'à la limite des portées efficaces de l'arme; quand il aura acquis l'habitude d'estimer une distance sans commettre de trop grandes erreurs, de tirer sur une cible dont la distance, variant à chaque coup de feu, devra être évaluée par lui, il saura se suffire à lui-même lorsqu'on l'enverra en tirailleur contre l'ennemi; il connaîtra la portée et la justesse de son arme; il en appréciera toute la puissance.

L'instruction du soldat ne serait pas complète, s'il n'était exercé qu'à tirer isolément. L'exécution des feux de peloton et de deux rangs est le complément nécessaire de l'instruction du tireur.

Le soldat doit être accoutumé à la gêne qu'il éprouve dans le rang, aux mouvements de ses voisins, à la fumée qui couvre le front de la troupe, à obéir aux commandements de l'officier qui dirige les feux.

L'exécution des feux de peloton et de deux rangs, sur des panneaux indiquant les effets de tir, est une instruction nécessaire, surtout aux officiers, qui apprennent dans ces exercices à diriger et à commander le feu, à estimer la valeur relative des différents feux, et à juger de l'importance d'un commandement fait à propos, dans les feux d'ensemble.

Lorsque le jeune soldat connaîtra l'école du soldat, il commencera les exercices de tir, qui seront menés concurremment avec le reste de son instruction. Il ne sera admis au bataillon, qu'après avoir exécuté tous les articles de la première leçon du titre 4. Il ne participera au tir à la cible de sa compagnie qu'après avoir exécuté le tir à la cible et les feux d'infanterie (2e, 3e et 4e leçons du titre 4), dans la classe dirigée par le capitaine instructeur de tir.

La série entière des exercices de tir pourra être parcourue dans une année, par tous les sous-officiers, caporaux et soldats d'un régiment, sans nuire aux autres parties de l'instruction, et sans entraver les divers services. Elle devra être reprise chaque année par les anciens soldats.

Un tableau placé à la fin du titre 4 indique le nombre de séances de deux heures qu'il faudra consacrer à chaque article des leçons, pour les anciens comme pour les jeunes soldats, et la quantité de capsules, de cartouches à blanc et à balles, que devront consommer les uns et les autres.

Les officiers devront connaître toutes les parties de cette instruction.

Les lieutenants et sous-lieutenants seront exercés à la pratique du tir par le capitaine et les lieutenants instructeurs, sous la direction et la surveillance du chef de bataillon. Ils passeront par tous les degrés de la pratique du tir, et seront dispensés de répéter ces exercices, lorsqu'ils s'en seront acquittés convenablement.

Les sous-officiers instructeurs étudieront toutes les parties de cette instruction qui leur sera expliquée par le lieutenant instructeur de tir. Les autres sous-officiers et les caporaux qui assisteront à la théorie faite par le lieutenant instructeur, n'auront pas besoin de connaître la partie de l'instruction ayant pour titre : *Notions complémentaires.*

On n'astreindra jamais ceux qui devront étudier la théorie du tir, à réciter littéralement le texte des leçons.

Les sous-officiers prendront part aux exercices de tir de la classe des anciens soldats. Ils ne feront qu'assister à ceux de la 3ᵉ et de la 4ᵉ leçon du titre 4.

Les sergents instructeurs tireront à la cible, et concourront pour les prix de tir, avec les autres sous-officiers.

Les sapeurs et clairons participeront à tous les exercices de tir, lorsqu'ils seront dans la classe des jeunes soldats; dès qu'ils feront partie de la classe des anciens, ils n'exécuteront plus que les exercices des deux premières leçons du titre 4.

Les mousquetons des sapeurs et clairons n'ont point encore été transformés en carabines à tige et à balle oblongue; mais ils peuvent l'être comme les fusils.

TROISIÈME PARTIE.

De la carabine d'infanterie et de ses accessoires. — Des précautions à prendre pour la démonter, la remonter, la charger et l'entretenir.

ARTICLE Ier.

DE LA CARABINE D'INFANTERIE.

La carabine d'infanterie est une arme à canon rayé, dans laquelle la balle, de forme oblongue, est *forcée* sur une tige, par le choc de la baguette.

La carabine d'infanterie, qui est décrite dans cette instruction, n'est autre chose que le fusil d'infanterie modèle 1822, transformé du dernier mode, rayé, mis à tige, pourvu d'une hausse, d'une nouvelle baguette et d'un guidon supplémentaire à l'extrémité de la douille de baïonnette.

Il existe actuellement dans les arsenaux quatre modèles différents de fusils d'infanterie et quatre modèles analogues de fusils de voltigeur.

Les quatre modèles de fusils d'infanterie sont : 1° le fusil d'infanterie modèle 1822, transformé du premier mode ; 2° le même modèle transformé du dernier mode ; 3° le fusil d'infanterie modèle 1840 ; 4° le fusil d'infanterie modèle 1842.

Les fusils de voltigeur ne diffèrent des modèles semblables de fusils d'infanterie que par la longueur du canon.

Toutes ces armes sont transformables, par les mêmes procédés, en carabines d'infanterie. Le mode de chargement, les règles et les conditions du tir sont identiques dans les huit modèles de carabines qui résultent de la transformation des quatre modèles existants de fusils d'infanterie et des quatre modèles semblables de fusils de voltigeurs.

Pour l'unité de l'instruction, il est fort heureux que les règles et les conditions du tir soient les mêmes dans les carabines provenant des huit modèles existants de fusils d'infanterie et de voltigeur.

Le nom de *carabine d'infanterie* servira, dans cette instruction, à désigner l'un quelconque des huit modèles de carabines obtenus par la transformation des fusils existants. Pour distinguer les fusils d'infanterie transformés en carabines, des fusils de voltigeur, semblablement transformés, rien n'est plus naturel que de les désigner par le nom même des troupes dont ils constituent l'armement : ainsi, les premiers seront désignés *carabines d'infanterie de ligne ;* les seconds, *carabines d'infanterie légère.*

Afin de rendre cette instruction plus complète, nous indiquerons, par des notes imprimées en petit texte, les différences essentielles qui existent soit dans la construction, soit dans l'entretien et le nettoyage, le démontage et le remontage, entre les quatre modèles de carabines d'infanterie, en prenant, comme il a été déjà dit, pour type et pour terme de comparaison, la carabine d'infanterie de ligne du modèle 1822, transformé du dernier mode. Cette arme, et la carabine d'infanterie légère de la même transformation, seront encore pendant longtemps les plus répandues dans l'armée.

Il sera bien entendu qu'entre une carabine d'infanterie de ligne et une carabine d'infanterie légère de la même époque, il n'existe aucune différence, ni dans le tir. ni dans l'entretien, ni dans le chargement, ni dans le nettoyage, et qu'ainsi l'instruction de tir dans l'infanterie légère est la même que dans l'infanterie de ligne.

On distingue dans la carabine six parties, qui sont :

1° *Le canon ;*
2° *La platine ;*
3° *La monture ;*
4° *Les garnitures ;*
5° *La baguette ;*
6° *La baïonnette.*

DU CANON.

Le canon en fer est la principale partie de la carabine. Les fonctions du canon sont nombreuses ; elles seront définies à mesure qu'il sera question des diverses parties qui les remplissent.

On remarque dans le canon *l'âme*, qui est le cylindre compris entre les parois internes du canon. L'âme, cylindrique, du diamètre de 0ᵐ,018, est limitée, du côté de la *bouche*, par *la tranche de la bouche*, arrondie intérieurement. A son autre extrémité, l'âme est terminée par la *culasse à bouton fileté* (1), qui se visse dans la *boîte taraudée*, et qui, comme les parois du canon, résiste à l'expansion des gaz de la poudre.

La partie du canon qui entoure le bouton de culasse, et qui contient la charge de poudre, se nomme le *tonnerre*. Le canon se termine, du côté de la culasse, par la *tranche du tonnerre*.

L'axe du cylindre de l'âme est *l'axe* du canon.

---

(1) Dans les fusils (modèle 1822) transformés d'après le premier mode, la culasse est à chambre. Il en est de même dans les fusils (modèle 1840).

Cet axe détermine la direction initiale de la balle forcée.

La surface cylindrique de l'intérieur du canon est creusée de 4 *rayures en hélice* au pas de 2 mètres. La largeur de chaque rayure est de 0ᵐ,007. La profondeur des rayures diminue du tonnerre à la bouche. Les rayures font du canon un écrou dont la balle forcée est la vis. La balle, chassée par les gaz de la poudre, tourne dans son écrou autour de l'axe du canon. Ce mouvement de rotation que la balle conserve dans son trajet est absolument nécessaire à sa justesse, et, par conséquent, les rayures en hélice remplissent, dans le canon de carabine, une fonction de première importance. Ces rayures diminuent de profondeur du tonnerre à la bouche, afin que la balle, forcée au tonnerre, le soit encore aussi exactement, lorsqu'elle s'échappe de la bouche du canon.

Dans la culasse on distingue :

1° *Le bouton fileté* qui se visse de gauche à droite (1) dans la boîte taraudée du tonnerre ;

2° *La tige* en acier, vissée dans le bouton fileté ;

3° *La queue* de culasse.

Dans le bouton fileté, on remarque les *filets en hélice* et le *trou* taraudé, destiné à recevoir le bout fileté de la tige.

La tige en acier est trempée à l'extrémité sur laquelle repose la balle dans le forcement. Cette tige est cylindrique ; son diamètre est de 0ᵐ,009, sa hauteur au-dessus de la culasse de 0ᵐ,038, sa

---

(1) Dans les fusils (modèle 1842) la culasse se visse de droite à gauche.

partie filetée vissée dans la culasse a 0^m,010 de longueur. Lorsque la culasse est vissée dans le tonnerre, l'axe de la tige doit coïncider avec l'axe du canon.

La fonction de la tige est de fournir à la balle un appui central dans le forcement.

La queue de culasse qui sert à fixer le canon sur la monture présente :

1° *Le talon ;*

2° *Le trou fraisé* de la vis de culasse.

On remarque à l'extérieur, sur le canon de carabine, du côté de la bouche :

1° *Le guidon et son embase.* L'embase du guidon est brasée sur le canon. La fonction du guidon est de fixer par son sommet l'un des deux points qui déterminent chaque ligne droite employée pour diriger l'arme.

2° *Le tenon de baïonnette,* brasé sur le canon. Le tenon sert à fixer la baïonnette au canon.

Du côté du tonnerre, on voit sur le canon :

1° *La hausse,* dans laquelle on distingue :

La planche mobile, en acier, et *le pied* en fer brasé sur le canon. Ces deux pièces sont assemblées par charnière et réunies par *la goupille,* pivot de la charnière.

Dans le pied de hausse est logé *le ressort,* qui maintient la planche lorsqu'elle est dressée ou couchée sur le pied.

A l'une des extrémités du ressort, on remarque *le talon,* à l'autre *la griffe.*

Dans le pied de hausse, on distingue :

1° *Le logement du ressort ;*

2° *La base du talon* de la planche ;

3° Les deux *œils* de la charnière et leurs trous de goupille.

Dans la planche mobile, on distingue les côtés, la partie supérieure, la partie inférieure et la fente.

La partie inférieure porte à son extrémité *le pied* et *le talon* de la planche, *l'œil du pied* et son trou de goupille.

Sur les côtés de la planche est disposé le *curseur*, pièce mobile en acier qui joue sur la planche et qui s'y maintient par son propre ressort.

On distingue dans le curseur *le cran de mire*, les rebords, le bord inférieur, *les bords latéraux supérieurs*, à hauteur du fond du cran de mire.

L'arrétoir, petite vis sans tête et sans fente, débordant la planche, retient le curseur sur la hausse.

La fonction de la hausse est de fixer la position des points qui, conjointement avec le sommet du guidon, déterminent les différentes lignes droites employées pour diriger la carabine.

Ces points sont marqués par *des crans de mire* fixes ou par des *traits*.

Les crans de mire fixes sont au nombre de trois.

Le premier est entaillé dans le talon de la planche ;

Le second au bas de la fente ;

Le troisième à la partie supérieure de la planche.

Près des crans de mire et sur les traits sont marqués les chiffres indicateurs des distances de tir.

On remarque encore au tonnerre du canon, *les pans* au nombre de cinq, le pan supérieur, les pans latéraux de droite et de gauche, les deux pans intermédiaires.

Le grain d'acier, vissé, dans lequel est pratiqué *le logement taraudé de la cheminée* (1).

La cheminée en acier destinée à recevoir la capsule.

Dans la cheminée en acier, on distingue *le canal de cheminée* qui aboutit à *la lumière* et qui transmet à la charge de poudre, par la lumière, le feu du jet fulminant de la capsule.

La partie filetée qui se visse dans le logement taraudé ;

L'embase qui repose sur les bords du logement ;

Le carré qui donne prise à la clef destinée à visser et à dévisser la cheminée ;

Le tronc de cône que coiffe la capsule et à l'extrémité duquel se trouve extérieurement *le chanfrein*, intérieurement *la fraisure* de l'entrée du canal.

DE LA PLATINE.

La platine (2) est un mécanisme au moyen duquel la force d'un ressort est employée à faire détonner par percussion la poudre fulminante d'une capsule.

---

(1) Les fusils (modèle 1842) portent au lieu d'un grain une masselotte d'acier soudée sur le tonnerre.

Les fusils (modèle 1840) et les fusils (modèle 1822) transformés du premier mode, ont leur logement pratiqué dans la culasse même, qui est cémentée et trempée après la construction du logement.

(2) La platine du nouveau modèle qui appartient aux fusils neufs, modèle 1840 et modèle 1842, se compose de dix pièces, qui sont :

Le corps, le ressort, la chaînette, la noix, la vi...

La platine à percussion de la carabine se compose de douze pièces qui sont :

---

de noix, la bride, les deux vis de bride, la gâchette, le chien.

On distingue dans le corps de la nouvelle platine :

1° Le devant;

2° Le derrière;

3° Les trous taraudés des deux vis de bride, les trous non taraudés de l'arbre de la noix, de la grande vis de platine, des pivots de ressort et de gâchette;

4° La fraisure échancrée du derrière;

5° L'épaulement du ressort.

Le ressort en acier de la nouvelle platine est composé de deux branches mobiles :

La grande branche, terminée par une griffe fendue, est le moteur du mécanisme de la platine ; par l'intermédiaire de la chaînette et de la noix, elle imprime au chien, en se débandant, un mouvement de rotation;

La petite branche, sur laquelle on remarque le pivot et le tenon du ressort, fait fonction de ressort de gâchette, c'est-à-dire qu'elle presse sur la gâchette pour la maintenir ou pour l'engager dans les crans de la noix.

La chaînette est une petite pièce en acier qui unit par articulation le ressort à la noix ;

Elle se compose :

1° Du corps ;

2° Du double pivot qui la réunit à la noix ;

3° Du double pivot qui la réunit à la griffe du ressort.

On distingue dans la noix de la nouvelle platine :

1° Le corps qui, comprend : le cran du bandé ou du départ, le cran de sûreté, l'entaille de la chaînette, l'embase, le talon qui, en s'appuyant contre un des cylindres de la bride, limite le mouvement de la noix, lorsqu'on arme ; 2° l'arbre qui traverse le corps de platine; 3° le pivot qui s'engage dans la bride ;

Le corps, le grand ressort, la vis du grand ressort, la noix, la vis de noix, la bride, la vis de bride, la gâchette, la vis de gâchette, le ressort de gâchette, la vis du ressort de gâchette, le chien.

Le corps est une pièce en fer cémentée sur laquelle sont assemblées les autres pièces de la platine.

On distingue dans le corps de platine :

1° *Le devant;*

2° *La queue ou le derrière;*

3° *Le rempart, partie du corps s'ajustant contre le canon;*

4° *La bouterolle servant d'écrou à l'une des grandes vis de la platine;*

5° *Les trous taraudés* de la grande vis du devant, de la grande vis de derrière, de la vis du grand ressort, de la vis de bride, de la vis de gâchette, de la vis du ressort de gâchette. Les trous

---

L'arbre se termine par le *six-pans*, qui se loge dans le trou à six pans pratiqué dans le corps du chien.

Dans la bride de la nouvelle platine, on distingue :

1° Le corps dans lequel sont percés les trous des pivots de la noix et de la gâchette;

2° Les deux cylindres par l'extrémité desquels la bride s'appuie sur le corps de platine. Ces deux cylindres sont percés chacun d'un trou, pour le passage des vis de bride.

Les deux vis de bride fixent la bride contre le corps de platine; la vis supérieure se distingue de l'autre par un coup de pointeau marqué sur la tête.

La gâchette de la nouvelle platine n'a pas de vis; son pivot fait corps avec elle.

non taraudés du pivot du grand ressort, de l'arbre de la noix, du pivot de la bride, du tenon de ressort de gâchette.

Le grand ressort en acier est composé de deux branches, l'une fixe, l'autre mobile.

La grande branche mobile, terminée par une *griffe,* est le moteur du mécanisme de la platine; par l'intermédiaire de la noix, elle imprime au chien, en se débandant, un mouvement de rotation.

Sur *la petite branche* fixe on remarque, *le pivot, la patte,* le trou de la vis du grand ressort.

La noix en acier reçoit du ressort un mouvement de rotation qu'elle communique au chien.

On distingue dans la noix :

Le corps, qui comprend *le cran du bandé* ou *du départ, le cran de sûreté, le cran du repos* qui servait avant la transformation de la platine, qui est inutile, nuisible même à présent, et que l'on fera disparaître à mesure que les noix devront être remplacées; *l'embase, la griffe, le talon* qui, en s'appuyant contre le pied de la bride, limite le mouvement de la noix lorsqu'on arme.

Le cran du bandé ou du départ est celui qui règle la tension du ressort, et qui fixe la position d'où le chien s'abat pour frapper sur la capsule.

Le cran de sûreté a pour fonction de prévenir les dangers qui résultent d'une percussion accidentelle exercée sur la capsule.

La détonnation accidentelle de la capsule et l'inflammation de la charge qui en résulte pourraient avoir lieu de plusieurs manières, si, l'arme étant chargée, on laissait le chien abattu sur la capsule, et si la noix était dépourvue d'un cran de sûreté.

Par exemple, l'arme faisant partie d'un faisceau, ou étant portée par le soldat, peut tomber, et dans cette chute, la tête du chien abattu peut exercer sur la capsule une pression suffisante pour la faire détonner. Lorsque le tirailleur marche dans un fourré, une branche peut relever le chien et le laisser retomber sur la capsule, d'assez haut pour qu'il la fasse partir.

Le cran de sûreté prévient tous ces accidents, *pourvu que le soldat ait soin de mettre le chien à ce cran, toutes les fois que l'arme chargée ne doit pas faire feu immédiatement.* En effet, la position du cran de sûreté a été calculée de telle manière que le chien placé à ce cran venant à s'abattre, ne fît jamais partir une capsule de guerre.

Dans une chute accidentelle de l'arme chargée, si le chien est au cran de sûreté, il ne touchera point la capsule, et, par conséquent, ne lui transmettra point le choc qu'il aura pu recevoir. Le chien au cran de sûreté garantira la capsule d'un choc dans la chute de l'arme.

Si la détente, malgré la protection du pontet, est accidentellement mise en action, et que le chien soit au cran de sûreté, le chien s'abattra, mais il ne fera pas détonner la capsule.

Si le chien placé au cran de sûreté est relevé par une cause accidentelle quelconque, il arrivera de deux choses l'une : il sera relevé jusqu'au point où le bec de gâchette s'engage dans le cran du bandé, et alors il restera à ce cran, ou bien il ne sera pas relevé aussi haut et retombera ; dans ce cas, la gâchette n'étant soumise qu'à l'action de son ressort, frottera contre la noix et s'engagera dans le cran de sûreté ; le chien sera donc remis au cran de sûreté.

On distingue encore dans la noix *l'arbre* qui

traverse le corps de platine, *le pivot* qui s'engage dans la bride. L'arbre et le pivot sont deux cylindres de diamètres différents, mais ayant le même axe autour duquel la noix et le chien tournent dans leur mouvement commun.

L'arbre de la noix déborde légèrement la face plane extérieure du corps de platine, et se termine par le *carré* qui se loge dans le trou carré pratiqué dans le corps du chien.

Le *carré de la noix* est percé, suivant l'axe de la noix, d'un trou taraudé destiné à recevoir le bout fileté de la vis de noix.

La vis de noix fixe le chien sur le carré et contre l'arbre de la noix.

La bride de noix est une pièce en fer cémentée destinée à servir de support aux pivots de la noix et de la gâchette.

On distingue dans la bride :

1° *Le corps*, ses deux trous, l'un qui reçoit le pivot de la noix, l'autre par lequel passe la vis de gâchette;

2° *Le pied*, son trou, par lequel passe la vis de bride, *le pivot* de la bride.

La vis de bride assujettit la bride sur le corps de platine.

La gâchette en acier laisse agir le ressort ou en suspend l'action, suivant qu'on la dégage des crans de la noix ou qu'on l'engage dans l'un de ces crans.

On distingue dans la gâchette :

1° *Le corps*, son trou, par lequel passe la vis de gâchette;

2° *Le bec* qui engrène avec les crans de la noix;

3° *La queue* qui reçoit l'action de la détente.

La vis de gâchette est le pivot fixe autour duquel s'effectue le mouvement de la gâchette.

Le ressort de gâchette presse sur la gâchette pour la maintenir ou pour l'engager dans les crans de la noix.

On distingue dans le ressort de gâchette :

La grande branche fixe, son tenon, son trou destiné au passage de la vis de gâchette;

La petite branche mobile qui presse sur la gâchette.

La vis du ressort de gâchette assujettit ce ressort sur le corps de platine.

Le chien, pièce en fer cémentée, fait l'office de marteau dans la percussion.

On y distingue :

1° *Le corps* et son trou carré;

2° *La tête fraisée* qui frappe sur la cheminée, entoure la capsule et en arrête les éclats au moment de la détonnation;

3° *La crête quadrillée* par laquelle on saisit le chien pour le soutenir en l'abattant sur la cheminée, ou pour le mettre à l'un des deux crans.

DE LA MONTURE.

La monture est une pièce en bois de noyer, sur laquelle toutes les autres parties de l'arme sont réunies, fixées et disposées suivant les exigences du tir et du maniement d'arme.

On distinge dans la monture :

1° *Le fût*, qui est la partie dans laquelle est logé le canon. On y remarque : le logement du canon, le canal de la baguette, *l'embase* de la grenadière,

3.

celle de la capucine, *les encastrements des ressorts d'embouchoir de grenadière et de capucine*, le logement du *ressort de baguette*, les trous des goupilles de ces quatre ressorts, les encastrements de la platine et du porte-vis, les trous de la vis de culasse, des grandes vis de platine et de la goupille du battant de sous-garde.

Le fût se termine du côté du tonnerre par le logement de la queue de culasse dont l'entrée forme *les oreilles* du bois.

2° *La poignée* par laquelle on saisit et manie facilement la carabine. On remarque, au-dessous de la poignée, l'encastrement de *l'écusson* qui est aussi creusé en partie dans le fût et qui se prolonge jusqu'à la crosse.

3° *La crosse* que l'on appuie à l'épaule dans le tir.

On y distingue *le busque* qui raccorde la crosse avec la poignée, le trou de la vis à bois de sousgarde, l'encastrement du devant de *la plaque de couche*, les deux trous des vis à bois de cette pièce, les deux angles de l'extrémité de la crosse ; l'un de ces angles se nomme *le bec*, c'est celui qui est du côté de *la sous-garde ;* l'autre se nomme *le talon.*

DES GARNITURES.

Les garnitures sont des pièces en fer ou en acier, différentes par leurs formes et par leurs fonctions, mais qui servent généralement à relier entre elles les parties principales de l'arme et à renforcer la monture.

Les garnitures sont :

1. *L'embouchoir* qui relie le canon et l'extrémité du fût.

On distingue dans l'embouchoir :

1° *L'entonnoir*, qui aboutit à l'entrée du canal de la baguette ;

2° *Les deux bandes* qui surmontent le canon ;

3° Le trou du pivot *du ressort d'embouchoir* ;

4° *Les coulisses* qui reposent sur les bords de la monture ;

5° *Le bec.*

2. *Le ressort d'embouchoir* en acier, fixé dans le bois par sa goupille ; il porte à son extrémité un pivot qui entre dans le trou de l'embouchoir, et qui maintient cette garniture en place.

3. *La grenadière* qui relie le fût et le canon, et qui porte l'un des *battants* dans lesquels passe la bretelle.

On distingue dans la grenadière :

1° *Les coulisses* ;

2° *Le bec* ;

3° *Le pivot du battant* ;

4° *Le battant, son rivet, son anneau, les rosettes* de l'anneau.

4. *Le ressort de grenadière*, en acier, fixé dans le bois par sa goupille.

On y remarque *l'épaulement* qui retient la grenadière sur son embase.

5. *La capucine* qui relie le fût et le canon.

On distingue dans la capucine :

1° *Les coulisses* ;

2° *Le bec.*

6. *Le ressort de capucine*, en acier, fixé dans le bois par sa goupille.

On y remarque *l'épaulement* qui retient la capucine sur son embase.

7. *Le ressort de baguette* qui maintient la baguette dans le canal.

On y remarque :

1° *Le cuilleron ;*

2° *Le pontet*, encastrement de la goupille.

8. *La goupille du ressort de baguette* qui maintient le ressort dans son logement.

9. *Le porte-vis* (1), sur lequel s'appliquent les têtes des deux grandes vis de platine.

La sous-garde, assemblage de *l'écusson*, du *pontet*, de *la détente* et du *battant de sous-garde.*

10. L'écusson renforce la poignée, il porte la détente et le pontet, il forme par une de ses parties le fond du canal de la baguette, par une autre, il sert d'écrou à la vis de culasse.

On distingue dans l'écusson :

1° *Le taquet* et sa fraisure qui reçoit le bout de baguette ;

2° *La fente* dans laquelle passe le pivot du battant ;

3° *La bouterolle*, partie renforcée et percée du trou taraudé de la vis de culasse ;

4° *Les ailettes* qui servent de support à la vis, pivot de la détente ;

5° *La fente* dans laquelle passe la détente ;

---

(1) Dans les fusils (modèles 1840 et 1842), il n'y a pas de porte-vis, et à sa place, on remarque la *rosette*, écrou de la vis de platine.

6° *La mortaise* du crochet à bascule du pontet ;

7° *Les deux élévations* qui donnent prise à la main saisissant la poignée ;

8° *Le trou fraisé* de la vis à bois.

11. *La vis à bois* de sous-garde qui fixe l'écusson à la monture.

12. *Le battant de sous-garde* ayant la même destination que le battant de grenadière.

On distingue dans le battant de sous-garde, comme dans celui de grenadière, le *rivet*, *l'anneau* et ses *rosettes*. Le pivot du battant de sous-garde est percé d'un trou dans lequel passe la goupille qui maintient le battant.

13. *La goupille du battant de sous-garde* (1).

On distingue dans cette goupille :

1° *La tête coudée* qui se loge sous le porte-vis ;

2° *Le corps, tronconique,* qui traverse le bois.

14. *Le pontet,* pièce destinée à garantir la détente des chocs accidentels.

On y remarque :

1° *Le corps ;*

2° *Le crochet à bascule ;*

3° *Le nœud et sa fente* par laquelle passe le pivot du battant de sous-garde.

15. *La détente,* levier coudé et à pivot, destiné à transmettre l'action du doigt à la gâchette.

On distingue dans la détente :

______

(1) Dans les fusils (modèles 1840 et 1842), la tête ronde de la goupille du battant de sous-garde se loge sous la rosette.

1° *Le corps* ou *la planche ;*

2° *La touche.*

16. *La vis de détente,* pivot fixe, soutenu par les ailettes de l'écusson.

17. *La plaque de couche* qui garantit la base de la crosse des chocs qu'elle éprouve dans le service.

On distingue dans la plaque de couche :

1° *Le devant,* son trou fraisé ;

2° *Le dessous,* son trou fraisé ;

3° *Le talon,* qui garnit le talon de la crosse ;

4° *Le bec* qui garnit le bec de la crosse.

18 et **19.** *Les deux vis à bois* de la plaque de couche.

20. *La vis de culasse,* en acier, qui relie le canon, l'écusson et la monture.

21 et **22.** *Les deux grandes vis de platine,* en acier, qui relient la platine à la monture (1).

DE LA BAGUETTE.

La baguette en acier sert à introduire la balle dans le canon, à la forcer sur la tige, à laver, essuyer et graisser l'intérieur du canon, à retirer dans certains cas la balle forcée et les corps

---

(1) Dans les fusils (modèles 1840 et 1842), l'une des grandes vis de platine est remplacée par la *vis à bois, crochet de platine* (en acier), sous la tête de laquelle le derrière de la platine est maintenu. La vis à bois, crochet de platine, au lieu d'une fente, a deux trous percés sur sa tête ; cette vis ne doit jamais être enlevée par le soldat.

étrangers qui pourraient intercepter la communication du feu.

On distingue dans la baguette :

1° *La tête*, partie importante de l'arme, sa *fraisure*, de forme conique, les bords de la fraisure, le trou destiné à recevoir la *broche*.

2° *La tige*;

3° *Le bout fileté*.

DE LA BAÏONNETTE.

La baïonnette fixée au bout du canon fait de la carabine une arme de main.

On distingue dans la baïonnette :

1° *La lame triangulaire*, en acier, sa pointe, ses pans creux, ses arêtes;

2° *Le coude* en fer ;

3° *La douille* en fer, qui enveloppe le bout du canon.

On remarque sur la douille *les fentes*, *le pontet*, qui livrent passage au tenon, *l'embase* qui sert d'appui à la bague, *l'étouteau* qui limite le mouvement de la bague, le *petit guidon*;

4° *La bague* en fer qui enveloppe la douille et fixe la baïonnette au canon.

On remarque dans la bague :

Le pontet, qui livre passage au tenon, *les rosettes*, *l'arrêtoir*, *la vis de bague* qui réunit les deux rosettes.

ARTICLE II.

ACCESSOIRES DE LA CARABINE D'INFANTERIE.

Chaque soldat, pour entretenir sa carabine,

pour la démonter et la remonter, doit être muni de divers objets qui constituent les accessoires de l'arme.

Parmi ces objets, on compte en première ligne les six accessoires principaux de la carabine, qui sont :

Le lavoir et *le chasse-noix* vissé dans la tête du lavoir.

Le tire-balle et *la broche* vissée dans la tête du tire-balle.

La lame de tourne-vis engagée dans son *manche*.

Le lavoir est employé, comme son nom l'indique, dans le lavage du canon; il sert aussi pour en essuyer et graisser l'intérieur.

On distingue dans le lavoir :

1° *La tête*, son trou taraudé , dans lequel se visse le bout fileté de la baguette;

2° *Les branches dentelées* entre lesquelles on replie le linge;

3° *Le trou oblong* placé au-dessous de la tête et dans lequel on passe le linge avant de le replier entre les branches. Ce trou peut , en outre, recevoir une broche.

Le chasse-noix sert, par son petit bout, à chasser la noix, lorsqu'on démonte la platine , et la goupille du battant de sous-garde, lorsqu'on doit enlever la sous-garde; il fait, en outre, fonction de *bourre-noix* par sa tête et de *broche* par son corps.

On distingue dans le chasse-noix :

1° *La tête* ou *le cube*, le trou du bourre-noix;

2° *Le corps; les filets;*

3° *Le petit bout.*

Le tire-balle sert à extraire les balles forcées; il remplit en même temps les fonctions de *tire-bourre.*

On remarque dans le tire-balle :

1° *La tête*, son trou taraudé, dans lequel se visse le bout fileté de la baguette.

2° *Les trois dents, leurs pointes, leurs échancrures* arrondies, *les chanfreins* pratiqués au fond des échancrures dans l'intérieur du tire-balle.

3° Le trou percé pour le passage d'une broche. Dans la broche du tire-balle, on remarque *le bout fileté* qui se visse dans le trou taraudé de la tête, du côté interne.

Le tourne vis, qui se compose d'une lame et d'un manche, est employé pour serrer et desserrer les vis.

On distingue dans la lame le gros et le petit bout, qui s'engagent, l'un dans la fente des grandes vis, l'autre dans celle des petites.

On distingue dans le manche :

1° *Le bois* creusé pour recevoir la lame , *les pans*, qui, par leurs angles, empêchent la main de tourner ;

2° *La virole* en fer ;

3° *La rondelle* en acier, son trou et ses deux fentes en croix ; la grande fente dans laquelle on passe la lame , pour la loger dans le manche, la petite fente dans laquelle on encastre la lame lorsqu'on veut se servir du tourne vis.

Les six accessoires principaux, réunis deux à deux, doivent être renfermés dans le compartiment de la giberne qui leur est destiné , afin que

le soldat les ait sous la main en toutes circonstances. Une petite courroie en cuir, cousue à l'extrémité du compartiment la plus rapprochée du
corps, maintient les six accessoires en place, lorsqu'ils ont été disposés dans le compartiment de la
manière suivante :

On met d'abord du côté du corps du soldat, le
tire-balle et sa broche, la broche au fond. On
place au milieu le manche de tourne vis, la virole
en dessus; on engage ensuite du côté extérieur,
le lavoir, la tête en dessus; on rabat la courroie
de telle sorte que son trou corresponde au trou
taraudé de la tête du lavoir; on engage alors le
chasse-noix dans le trou de la courroie, et dans
celui de la tête du lavoir; on visse le chasse-noix
dans le lavoir, de manière à serrer la courroie
entre la tête du chasse-noix et celle du lavoir; on
engage le lavoir à fond, en pressant sur la tête du
chasse-noix.

Le compartiment de la giberne destiné aux accessoires, doit être au milieu des deux autres réservés aux cartouches.

Les gibernes du nouveau modèle en usage dans
l'infanterie, se prêtent très bien à l'arrangement
des accessoires.

Indépendamment des six pièces principales, dont
il vient d'être question, le soldat doit avoir :

Deux *cheminées* de rechange qui ne sont déli-
vrées que lorsqu'on entre en campagne.

Un *bouchon de canon*, pour empêcher l'intro-
duction de l'humidité, de la pluie et de la poussière dans le canon.

Un *tampon* en nerf de bœuf, destiné à recou-
vrir la cheminée, et à la préserver du choc du
chien dans l'exécution des feux à blanc.

Deux *petites boîtes* en fer-blanc; l'une pour la

graisse, l'autre, pour le cirage employé dans l'entretien d'une partie de l'équipement.

Une *petite brosse douce à manche.*

Une *pièce grasse*, morceau de drap carré, de 15 à 20 centimètres de côté.

Un *morceau de vieux linge.*

Des *curettes de bois tendre.*

Il existe, en outre, certains accessoires d'un usage peu fréquent qui sont confiés au caporal pour le service de son escouade. Ces accessoires sont le *monte-ressort* et *la clef de cheminée.*

On distingue dans le monte-ressort :

1° *Le corps, sa griffe* (1), *sa fente*, dans laquelle joue la petite vis, son trou taraudé, destiné à recevoir la grande vis ;

2° *La barrette*, son *trou taraudé* dans lequel s'engage la petite vis, *son crochet, sa patte ;*

3° *La grande vis ;*

4° *La petite vis.*

On remarque dans la clef de cheminée :

Le manche en bois.

La clef proprement dite, et son trou carré, *la virole, la rondelle* sur laquelle est rivée la soie de la clef.

PRÉPARATION DE LA GRAISSE.

On prendra un demi-kilogamme d'huile d'olive de bonne qualité, et un quart de kilogramme de graisse de mouton ; on fera fondre la graisse, on la fera passer à travers un linge d'un tissu peu

---

(1) Dans le monte-ressort nouveau modèle, établi pour la nouvelle platine, la griffe est entaillée.

serré, et on la mêlera, immédiatement après, avec l'huile. On obtiendra une espèce de pommade qu'on recouvrira avec soin pour la préserver de la poussière.

Composition du cirage employé dans l'entretien de l'équipement. (Décision ministérielle du 7 mars 1838.)

Pour cinq kilogrammes, quantité suffisante à l'entretien des effets d'une compagnie pendant un an :

Cire jaune.	1k.500	
Cire blanche, pour mitiger l'effet de la cire jaune qui est trop grasse.	0	500
Essence de térébenthine.	3	750
Noir d'ivoire.	0	500
Arcanson (espèce de résine employée pour obtenir un plus beau lustre).	0	062
	6	312

PRÉPARATION DU CIRAGE.

On râpe toute la cire, on la met dans un pot, et l'on verse dessus assez d'essence pour qu'elle en soit couverte entièrement. On réduit ensuite l'arcanson en poudre, et on le soumet, dans un autre vase, à une préparation semblable à celle qu'a subie la cire ; on couvre les deux vases pour que l'essence ne s'évapore pas, et on laisse reposer pendant vingt-quatre heures. Au bout de ce temps, on réunit dans un seul vase les deux dissolutions, on y ajoute le noir d'ivoire, et l'on remue le tout avec une spatule, en versant de l'essence peu à peu, jusqu'à ce que le mélange soit complet. On obtient ainsi une espèce de pommade assez liquide pour être employée facilement.

Pour en faire usage, on l'étend en petite quantité sur toutes les parties de l'équipement que l'on veut cirer ; on laisse évaporer l'essence pendant 25 minutes ; on frotte ensuite avec un morceau de drap fin et très propre, en ayant soin de le conduire toujours dans le même sens ; de cette manière, on obtient, sans beaucoup de peine, un très beau lustre.

ARTICLE III.

DÉMONTAGE ET REMONTAGE DE LA CARABINE.

Pour éviter les dégradations de la monture, dans le démontage et le remontage de la carabine, il faut, toutes les fois que l'on se sert du tourne-vis, donner à l'arme la plus grande fixité, et agir avec le tourne-vis dans la position où la main risque moins de le faire glisser, et où l'on peut suivre plus facilement de l'œil les mouvements de la lame.

Pour démonter la carabine, on enlève les pièces dans l'ordre suivant :

1° La baïonnette ;
2° La baguette ;
3° Les deux grandes vis de platine (1) ;
4° Le porte-vis ;

---

(1) Dans les fusils (modèles 1840 et 1842), il n'y a qu'une seule grande vis de platine à enlever. Dans ces armes, on peut ôter le canon sans enlever la platine et sa grande vis, qui ne devront être séparées du bois que dans le cas où la platine aurait besoin d'être nettoyée ou visitée à l'intérieur.

5° La platine ;
6° L'embouchoir ;
7° La grenadière ;
8° La vis de culasse ;
9° La capucine ;
10° Le canon.

Pour remonter la carabine, on place le canon le premier, en second lieu, la capucine, et ainsi de suite jusqu'à la baguette.

Les dix pièces ou parties de l'arme, dont l'ordre de démontage et de remontage est donné ci-dessus, sont celles qu'il est nécessaire d'enlever le plus fréquemment.

Parmi les autres pièces de la carabine, il en est que l'on nettoie toujours en place, et que le soldat ne doit jamais enlever. Telles sont : la goupille, la planche, le ressort et le curseur de la hausse, la culasse, la cheminée, la plaque de couche, les ressorts de garniture (1).

La sous-garde et la platine ne doivent être démontées et nettoyées à fond intérieurement que par l'ordre d'un officier ou du sergent instructeur de tir et en présence d'un sous-officier.

Lorsqu'on devra enlever et démonter la sous-garde, la bretelle, la platine et le porte-vis ayant été ôtés, le démontage se fera dans l'ordre suivant :

1° La goupille du battant de sous-garde ;
2° Le battant de sous-garde ;

---

(1) Il faut ajouter à ces pièces, pour les fusils modèles 1840 et 1842, la vis-crochet de platine. La rosette, écrou de la vis de platine de ces mêmes armes, ne doit être enlevée par le soldat que dans le cas où il ne pourrait la nettoyer en place.

3° Le pontet ;
4° La vis de culasse ;
5° La vis de sous-garde ;
6° L'écusson ;
7° La vis de détente ;
8° La détente.

Pour remonter la sous-garde, on commencera par la détente ; on continuera par la vis de détente, et ainsi de suite, jusqu'à la goupille du battant.

Le soldat, dans la position qu'il prendra le plus fréquemment pour démonter ou remonter son arme, tiendra la carabine de la main gauche, la crosse appuyée fortement contre la partie supérieure de la cuisse gauche, la jambe gauche ployée, la jambe droite en arrière dans la position la plus commode et la plus stable. Cette manière de placer l'arme est dénommée position n° 1.

On ne mentionnera dans cette instruction que les pièces qui, pour être enlevées et mises en place, offrent quelques difficultés.

A mesure que l'on enlèvera les différentes pièces, on aura soin de les mettre en ordre, afin de ne pas les égarer.

Pour ôter les grandes vis de platine (1), pren-

______

(1) Dans les fusils modèles (1840 et 1842), pour ôter la grande vis de platine, prendre la position n° 1, la hausse du côté du corps, l'arme maintenue fortement par la main gauche, dont la paume servira d'appui à la rosette, détourner la vis avec le tourne-vis, et la retirer avec la main.

Pour ôter la platine, mettre le chien au bandé, prendre la position n° 1, la hausse du côté du corps, la main gauche serrant l'arme au-dessous de la capucine, saisir le chien de la main droite, faire pivoter la platine autour de sa vis-crochet, enlever la platine et mettre le chien à l'abattu.

dre la position n° 1 , la sous-garde du côté du corps, l'arme maintenue fortement par la main gauche dont la paume servira d'appui au corps de platine ; dévisser les deux grandes vis successivement et n'enlever complétement l'une d'elles qu'après avoir presque entièrement dévissé l'autre.

Pour ôter la platine, mettre le chien au bandé ; si elle ne tombe pas naturellement dans la main par son propre poids , prendre la position n° 1, la hausse du côté du corps ; saisir le chien avec le pouce et les deux premiers doigts de la main droite, enlever la platine en faisant effort perpendiculairement à la face du corps de platine; mettre le chien à l'abattu. Pour mettre le chien à l'abattu, tenir le devant de la platine de la main gauche, appuyer sur la queue de la gâchette avec le pouce de la main droite, les deux premiers doigts de la même main entourant la crête du chien pour ralentir son mouvement.

Pour ôter l'embouchoir, placer l'arme debout, la crosse à terre, la sous-garde du côté du corps, presser le ressort avec le pouce de la main gauche, les deux premiers doigts de la même main entourant le canon et le fût; placer la main droite sous la main gauche, en entourant le canon et le fût avec les doigts de cette main ; presser le bec

---

Pour mettre le chien à l'abattu, tenir le derrière de la platine de la main gauche, appuyer sur la queue de gâchette avec le pouce de la main droite, les deux premiers doigts de la même main entourant la crête du chien pour ralentir son mouvement.

Pour ôter la rosette, enfoncer la grande vis de platine dans son trou, pousser doucement et droit avec cette vis la rosette hors de son encastrement.

de l'embouchoir avec l'extrémité du pouce jusqu'à ce que l'embouchoir soit dégagé ; le saisir alors avec la main droite et l'enlever avec précaution.

Pour ôter la grenadière, placer la carabine, le talon de la crosse à terre, le fût sous le bras droit; presser le ressort avec le pouce de la main droite; soulever la grenadière avec la main gauche, à pleine main.

Opérer de la même manière pour enlever la capucine.

Pour ôter la vis de culasse, prendre la position n° 1, le porte-vis du côté du corps, la paume de la main gauche appuyée sur le battant de sous-garde, détourner la vis et l'enlever.

Pour ôter le canon, placer la carabine dans la main gauche, sans serrer la main, la sous-garde en dessus, la hausse couchée dans la paume de la main gauche, la bouche du canon vers la terre; frapper avec la main droite sur la poignée jusqu'à ce que le canon se dégage de son canal, la main gauche soutenant toujours la carabine.

Pour enlever la goupille du battant de sous-garde, se servir du petit bout du chasse-noix.

Pour ôter le pontet, le faire pivoter autour de son crochet à bascule.

Pour ôter la vis de sous-garde, prendre la position n° 1, la platine du côté du corps, détourner la vis et la retirer.

Pour ôter l'écusson, engager le crochet du pontet dans sa mortaise et agir par de petits mouvements de bascule; si l'écusson tient trop fortement, engager la vis de culasse dans son trou, et la pousser sans la faire tourner.

En mettant la vis de culasse, on aura soin, dans la position n° 1, d'appuyer fortement, avec la main gauche, la sous-garde sur le bois, pour que les filets de la vis s'engagent bien dans le taraudage de l'écusson. Sans cette précaution, le taraudage serait promptement détérioré. La vis de culasse doit toujours être bien serrée à fond, pour que le recul du canon dans le tir n'occasionne pas des fentes dans le bois.

Pour placer la platine (1), mettre le chien au cran du bandé ; disposer la détente pour qu'elle laisse l'entrée libre à la queue de gâchette ; engager et pousser la platine à fond dans son encastrement ; prendre la position numéro 1, la sous-garde du côté du corps, l'arme maintenue fortement par la main gauche dont la paume servira d'appui au corps de platine ; engager les deux grandes vis, les faire tourner successivement et ne serrer complétement l'une que quand l'autre n'aura plus qu'un ou deux tours à faire pour être à fond. Dès que les grandes vis de platine sont serrées, mettre le chien à l'abattu.

La grande vis du devant de la platine est marquée d'un trait de lime à son extrémité, ce qui la distingue de la grande vis de derrière.

––––––––––––––––––––

(1) Pour placer la nouvelle platine, mettre le chien au cran du bandé; disposer la détente pour qu'elle laisse l'entrée libre à la queue de gâchette ; prendre la position n° 1, la hausse du côté du corps, l'arme maintenue fortement par la main gauche dont la paume servira d'appui à la rosette; engager l'échancrure de la queue de platine sous la tête de la vis-crochet; faire pivoter la platine et la mettre à fond dans son encastrement; engager la grande vis de platine, la serrer, en ayant soin d'appuyer fortement avec la paume de la main gauche, sur la rosette; dès que la grande vis de platine est serrée, mettre le chien à l'abattu.

Démontage et remontage de la platine (1).

Lorsqu'on devra démonter la platine, on enlèvera les pièces dans l'ordre suivant :

1° La vis du grand ressort ;
2° Le grand ressort ;

---

(1) *Démontage et remontage de la nouvelle platine.*

Lorsqu'on devra démonter cette platine, on enlèvera les pièces dans l'ordre suivant :

1° Le ressort ;
2° Les deux vis de bride ;
3° La bride ;
4° La gâchette ;
5° La vis de noix ;
6° } La noix et le chien ;
7° }
8° La chaînette.

Pour remonter la platine on commencera par la chaînette, on continuera par la noix et le chien, et ainsi de suite jusqu'au ressort.

Dans le démontage de la nouvelle platine, pour enlever le ressort, mettre le chien à l'abattu ; placer l'épaulement dans l'entaille de la griffe du monte-ressort, la barrette sur la grande branche, le crochet à la jonction des deux branches ; tourner la grande vis du monte-ressort très lentement, et juste autant qu'il le faut pour pouvoir dégager la chaînette ; faire ensuite tourner le ressort autour de son pivot pour l'enlever en faisant effort perpendiculairement à la face du corps de platine, desserrer lentement la vis du monte-ressort pour dégager le ressort.

Pour enlever les vis de bride, tenir la platine dans la main gauche.

Dans le remontage de la platine, pour remettre la chaînette, tenir la noix entre le pouce et les premiers doigts de la main gauche, le logement de la chaînette à droite, le six-

3° La vis du ressort de gâchette ;
4° Le ressort de gâchette ;

---

pans du côté du corps ; saisir la chaînette avec le pouce et le premier doigt de la main droite ; engager dans son logement le double pivot le plus court, de telle sorte que la plus courte partie de l'autre pivot soit du côté du corps.

Pour mettre la noix et le chien, placer la face extérieure du corps de platine sur le chien, la crête abaissée autant que possible du côté du derrière de la platine, le trou de l'arbre de la noix au-dessus du six-pans du chien, engager le six-pans de la noix dans le trou de l'arbre, et dans le six-pans du chien, en ayant soin de tenir l'extrémité du talon de la noix à hauteur du trou de la vis inférieure de bride ; engager le pivot dans le trou du bourre-noix et frapper à petits coups sur le cube, avec le manche du tournevis.

Pour mettre le ressort, placer le tenon dans l'entaille de la griffe du monte-ressort, la barrette sur la grande branche, le crochet à la jonction des deux branches. Avoir soin que la grande branche déborde un peu la barrette sur toute sa longueur, et que la petite déborde de même un peu l'extrémité de la griffe ; serrer légèrement la grande vis du monte-ressort pour maintenir le ressort. Engager ensuite le pivot à fond dans son trou, en frappant sur le ressort, si cela est nécessaire, avec le manche du tourne-vis ; placer l'épaulement dans l'entaille de la griffe, le derrière de la platine dans la main gauche, le pouce pressant sur la griffe, les deux premiers doigts de la même main placés sous la platine, et appuyant par leurs extrémités sur la barrette. Tourner lentement la grande vis du monte-ressort avec la main droite ; cesser de tourner dès qu'il est possible d'engager la chaînette dans la griffe du ressort ; faire tomber la chaînette dans cette griffe ; dévisser lentement le monte-ressort, tant que le pivot de la chaînette n'est pas entièrement engagé dans la griffe du ressort.

En mettant les vis de bride, avoir soin de placer, dans le trou supérieur, la vis marquée d'un coup de pointeau sur la tête.

5º La vis de gâchette ;
6º La gâchette ;
7º La vis de bride ;
8º La bride ;
9º La vis de noix ;
10º⎫
11º⎭ La noix et le chien.

Pour remonter la platine, on commencera par la noix et le chien, on continuera par la vis de noix, et ainsi de suite jusqu'à la vis du grand ressort.

Dans le démontage de la platine, pour enlever le ressort, mettre le chien à l'abattu ; tenir la platine dans la main gauche, ôter la vis du grand ressort, placer la griffe du monte-ressort sur la petite branche, la barrette sur la grande branche, le crochet à la jonction des deux branches, tourner la grande vis du monte-ressort avec la main droite, très lentement, et juste autant qu'il le faut pour que la griffe du grand ressort n'appuie plus sur la griffe de noix ; frapper sur la pièce de bassinet avec le manche de tourne-vis, si cela est nécessaire, pour dégager le pivot du grand ressort. Après avoir enlevé le ressort, desserrer lentement la vis du monte-ressort pour dégager le ressort.

Pour enlever les vis de bride, de gâchette et de ressort de gâchette, tenir la platine dans la main gauche. Avant d'avoir détourné entièrement la vis du ressort de gâchette, on frappe avec le tournevis, à la jonction des deux branches de ce ressort, de manière à faire sortir le tenon de son trou.

Pour enlever la bride, si elle ne peut être ôtée avec les doigts, enlever la vis de noix, chasser la noix, séparer ensuite la bride de la noix.

Pour enlever la noix et le chien, engager le chasse-noix dans le trou de la vis de noix ; l'y maintenir de la main gauche et frapper sur le cube, à petits coups, avec le manche du tournevis.

Dans le remontage de la platine, pour mettre le ressort de gâchette et sa vis, n'engager d'abord la vis qu'à moitié ; presser sur la grande branche avec le pouce ou le tournevis pour engager le tenon du ressort dans son trou ; frapper sur le ressort avec le manche du tournevis ; achever ensuite de serrer la vis à fond.

Pour mettre la noix et le chien, placer la face extérieure du corps de platine sur le chien, la crête abaissée autant que possible du côté du derrière de la platine, le trou de l'arbre de la noix, au-dessus du carré du chien ; engager le carré de la noix dans le trou de l'arbre et dans le carré du chien, en ayant soin de tenir l'extrémité de la griffe de noix contre la bouterolle ; engager le pivot dans le trou du bourre-noix, et frapper à petits coups sur le cube avec le manche du tournevis.

Pour mettre le ressort, placer la griffe du monte-ressort sur la petite branche, la barrette sur la grande branche, le crochet à la jonction des deux branches. Avoir soin que la grande branche déborde un peu la barrette sur toute sa longueur ; serrer légèrement la grande vis du monte-ressort pour maintenir le ressort ; mettre le chien à l'abattu ; présenter le ressort devant sa place sur le corps ; si la griffe de noix ne permet pas le placement de la griffe du ressort, tourner lentement la grande vis du monte-ressort, et cesser de tourner dès qu'il est possible d'engager la griffe du ressort dans la griffe de noix. Mettre alors le ressort en place, en engageant le pivot dans son trou ; faire joindre la branche fixe au corps, en frappant sur cette branche avec le manche du tournevis ; mettre et serrer la vis du grand ressort ; dévisser ensuite le monte-ressort.

ARTICLE IV.

PRÉCAUTIONS A PRENDRE DANS LE CHARGEMENT DE LA CARABINE.

Après avoir mis la capsule et passé l'arme à gauche, le soldat, tenant l'arme de la main gauche, prend la cartouche (1) de la main droite, tire le papier engagé dans l'étui, après avoir mordu le bout qui déborde ; il déchire ensuite le papier avec les dents, le plus près possible du carton, en tournant la main qui tient la cartouche ; il verse la poudre, retourne la cartouche, engage la balle dans le canon jusqu'à la naissance de l'ogive. Le soldat tenant l'étui de la main droite, les ongles en dessous, rompt le papier de l'enveloppe d'un seul coup, en renversant la main, sans soulever la balle ; il tire ensuite la baguette, coiffe l'ogive avec la fraisure, et après avoir enfoncé la balle, jusqu'à ce qu'elle repose sur la tige, il la force par trois coups de baguette.

Le forcement régulier de la balle est une des conditions essentielles de la justesse du tir des carabines. Si la balle n'est point suffisamment forcée dans les rayures, elle ne prend pas le mouvement de rotation normal qui est la principale cause de sa justesse. Si, au contraire, le

---

(1) *Voir* au chapitre 3 du titre 5 les renseignements sur la cartouche.

forcement est exagéré, c'est-à-dire si l'on donne un trop grand nombre de coups de baguette, ou des coups trop fortement appliqués, on finit par marquer sur la partie antérieure du projectile, l'empreinte des bords de la fraisure, on efface les cannelures, on augmente les frottements de la balle contre les parois du canon, et l'on diminue ainsi la portée et la justesse. Il vaudrait cependant mieux dépasser le degré convenable de forcement que de rester au-dessous.

Les trois coups de baguette nécessaires au forcement de la balle, ne doivent pas être appliqués de toute la force du bras.

Le capitaine et les lieutenants-instructeurs de tir ne pourront apporter une trop grande attention dans la surveillance du chargement exécuté par les jeunes soldats.

Pour charger la carabine avec la cartouche ordinaire à balle sphérique, après avoir déchiré la cartouche, après l'avoir secouée et engagée dans le canon, le soldat tire la baguette, et sans la faire tourner, il en introduit le petit bout dans le canon; il enfonce ensuite avec la baguette la cartouche jusqu'au fond de l'âme, et bourre légèrement une seule fois.

Pour remettre la baguette dans son canal, le soldat n'a pas besoin de la faire tourner.

Les fortes baguettes des carabines d'infanterie facilitent de cette manière le chargement à balle sphérique.

ARTICLE V.

ENTRETIEN ET CONSERVATION DE L'ARME.

Les soins que l'on doit prendre pour l'entretien et la conservation de l'arme, varient suivant les circonstances du service.

Lorsque la carabine sera au ratelier dans les chambres, le bouchon devra être placé à l'extrémité du canon, le chien abattu sur la cheminée. Toutes les pièces en fer, passées à la pièce grasse, seront légèrement onctueuses.

Quand le soldat devra se servir de sa carabine, il l'essuiera avec un linge sec; il l'essuiera avec plus de soin encore après une prise d'armes, et passera toutes les pièces en fer à la pièce grasse.

Dans les marches, l'intérieur du canon doit être mis à l'abri de la poussière, de la pluie et de l'humidité, au moyen du bouchon. Quand l'arme n'est pas chargée, le chien doit être abattu sur la cheminée; il doit être au cran de sûreté lorsque l'arme est chargée.

Le tampon n'est placé sur la cheminée que pour les exercices à blanc.

Lorsqu'une cheminée devra être remplacée, on aura soin de graisser les filets de la nouvelle, de bien nettoyer son logement, de l'engager d'abord avec les doigts, pour ne pas faire contre-mordre les filets, et de la mettre à fond avec la clef.

Dans les exercices à blanc, on n'introduira jamais la baguette dans le canon, pour ne point dégrader la fraisure de baguette contre la tige, et pour ne point user inutilement le canon.

Dans les feux d'ensemble, le soldat se gardera de mettre une cartouche dans son arme déjà chargée. Les coups de carabine qu'il entend à ses côtés, dans le rang, l'empêchent souvent de distinguer le bruit de celle qu'il tire, et peuvent quelquefois lui faire croire à tort que son arme est déchargée; mais il ne pourra se tromper à cet égard, lorsqu'il n'aura pas senti de recul, et lorsqu'en voulant de suite recharger son arme, il ne

5.

verra pas de fumée sortir par la cheminée, au moment où il devra placer la capsule.

Après chaque tir, l'arme a besoin d'être nettoyée, mais il n'est pas nécessaire, pour cela, de la démonter entièrement. En général, on enlèvera seulement la bretelle, la baïonnette, la baguette, la platine (1), l'embouchoir, la grenadière, la vis de culasse, la capucine et le canon.

La première chose à faire après un tir est de laver le canon. Pour laver le canon, visser le bout de baguette dans la tête du lavoir, engager le chasse-noix dans le trou de la tête de baguette ; prendre une bande de linge, d'une longueur de 0^m,20, d'une largeur de 0^m,06 à 0^m,08, suivant l'épaisseur du tissu ; passer un des bouts de la bande dans le trou du lavoir, réunir les deux bouts et tendre la bande, pour que son milieu soit placé dans le trou ; replier les bouts de chaque côté entre les branches dentelées ; faire descendre les bouts jusqu'au fond des fentes, de manière à garnir le lavoir à l'intérieur et à l'extérieur. Introduire dans le canon le lavoir garni.

Plonger la culasse dans l'eau ; noyer complétement la cheminée sans que l'eau atteigne la hausse ; saisir le chasse-noix et la tête de baguette de la main droite ; laver le canon, en imprimant à la baguette un mouvement de va et vient ; enfoncer le lavoir jusqu'au fond du canon, et faire tourner la baguette plusieurs fois de gauche à droite ; continuer le lavage jusqu'à ce que l'eau sortant du canon soit aussi claire qu'en y entrant. Autant que possible laver à grande eau, et quand on est

______

(1) Dans les fusils (modèles 1840 et 1842) on peut même ne pas enlever la platine.

obligé de laver dans des vases de petite dimension, changer l'eau au moins une fois.

Lorsque le canon est bien lavé, l'égoutter pendant quelques instants, souffler dans le canal de la cheminée.

Oter du lavoir le linge qui a servi au lavage, essuyer le lavoir, le garnir d'une bande de linge sec, l'introduire dans le canon ; saisir le chasse-noix et la tête de baguette ; essuyer les parois du canon, en imprimant au lavoir un mouvement de va et vient, en le faisant tourner de gauche à droite. Le pousser à fond pour essuyer avec soin la tige , la culasse et les parois du canon autour de la tige; faire tourner de gauche à droite le lavoir poussé à fond ; retirer le lavoir. Si la bande de linge sort humide ou sale, en remettre une seconde, recommencer l'opération de l'essuyage ; remettre au besoin une troisième et une quatrième bande de linge.

Si le lavage a été bien fait, il ne faudra généralement que deux bandes de linge pour essuyer l'intérieur du canon.

Le canon ayant été essuyé intérieurement, l'essuyer à l'extérieur ; introduire aussi profondément que possible, un petit morceau de linge roulé dans le canal de la cheminée; passer ensuite l'épinglette. Essuyer avec soin la hausse et la che-, minée.

Graisser alors l'intérieur du canon au moyen du lavoir garni d'une bande de linge enduite de graisse. Pour graisser, se servir du lavoir comme pour essuyer.

Passer, en dernier lieu, la pièce grasse sur toutes les parties extérieures du canon.

Si, après avoir fait usage du lavoir, on éprouvait des difficultés pour le séparer de la baguette, on passerait la broche du tire-balle dans le trou du lavoir; en tenant cette broche et le lavoir d'une main, le chasse-noix et la tête de la baguette de l'autre, on aurait toute la force nécessaire pour dévisser le lavoir.

Le canon étant remis en état, on aura soin d'enlever avec un linge humide la crasse qui se dépose dans la fraisure de baguette et dans celle du chien; on frottera ensuite le chien, la baguette, l'embouchoir, la grenadière, la capucine, la vis de culasse, la monture et toutes les parties extérieures des pièces d'armes, avec un linge sec; on passera la pièce grasse sur toutes les surfaces des pièces en acier et en fer démontées, et sur les surfaces extérieures de celles qui sont en place.

Après avoir passé un morceau de linge graissé entre le corps du chien et celui de la platine, on frottera avec la pièce grasse le logement du canon et le ressort de baguette; on pourra alors remonter la carabine.

Lorsqu'on devra charger une arme immédiatement après l'avoir lavée, il sera presque indispensable, pour sécher parfaitement le canal de cheminée, et prévenir un raté de premier coup, de flamber l'arme avec une capsule avant de la charger.

Le nettoyage des différentes pièces en fer ou en acier, lorsqu'elles ne sont pas tachées de rouille, se fait dans tous les cas de la même manière. Comme il a été expliqué ci-dessus, on les frotte avec un linge sec, et on les passe à la pièce grasse. Il n'y a que les pièces creuses, susceptibles d'encrassement à l'intérieur, qui exigent un lavage avant d'être frottées.

En graissant les pièces filetées, on doit s'attacher particulièrement à faire pénétrer la graisse entre les filets, car elle remplit sur ces parties un double rôle. Elle les préserve, comme toutes les autres parties, du contact de l'air et de l'humidité, et par conséquent, de la rouille. De plus, elle diminue les frottements des filets dans leurs écrous, lorsqu'on tourne ou détourne les vis.

C'est dans le but de diminuer les frottements, de faciliter le jeu des pièces, et par suite de les ménager, que l'on prescrit de graisser avec un soin tout particulier les pivots, et, en général, dans toutes les pièces, les parties qui éprouvent des frottements.

Si les pièces sont légèrement attaquées de rouille, il faut les frotter avec un linge imprégné de brique brûlée, pulvérisée, tamisée et délayée dans la graisse; dans le cas où les pièces sont moins légèrement attaquées, on se sert pour frotter de curettes de bois tendre, ou d'une brosse rude.

Après avoir frotté une pièce, soit avec de la brique, soit avec de l'émeri, on aura soin de l'essuyer avec un linge, et de ne jamais laisser ni émeri ni brique, ni autres substances, dans les trous des vis et des pivots, ou dans les encastrements.

Le poli brillant des diverses pièces d'armes en acier ou en fer, est expressément défendu.

Lorsque la platine, séparée du bois, n'exigera pas un nettoyage à fond, et qu'elle devra être mise en état sans être démontée, on l'essuiera avec soin à l'intérieur, au moyen d'un linge sec et de curettes; la vieille graisse sera enlevée, et la nouvelle sera mise au moyen de la brosse douce. On imprégnera cette brosse de graisse, et l'on brossera l'ensemble du mécanisme intérieur, en ayant soin de mettre le chien successivement au bandé et à l'abattu, pour pouvoir bien graisser les deux crans de la noix (1).

Pour nettoyer la hausse, après avoir enlevé la vieille graisse avec des curettes dans les parties d'où l'on ne peut l'ôter simplement avec un linge, on passera la pièce grasse sur toute la hausse, et l'on se servira de la brosse douce imprégnée de graisse pour graisser la charnière et le ressort. On fera jouer la planche pendant que l'on brossera ces parties.

Lorsqu'on devra frotter le canon, il faudra, pour ne point être exposé à le fausser, l'étendre sur une table.

La monture sera frottée avec un linge sec. On passera à la pièce grasse, comme il a été dit, le logement du canon. On ne graissera pas l'encastrement de la platine.

On peut avoir besoin dans certaines circonstances de décharger une arme sans la tirer. Il faut alors employer le tire-balle pour extraire la balle forcée.

Quand on devra se servir du tire-balle pour décharger une arme, on commencera par enlever la capsule ; on s'assurera après l'avoir enlevée qu'elle n'a pas laissé de poudre fulminante dans la fraisure du canal de cheminée. On enlèvera cette poudre, s'il en reste sur le cône ; on mettra ensuite le chien à l'abattu.

Visser ensuite le bout de la baguette dans la tête du tire-balle, engager la broche dans le trou de la tête de baguette, introduire le tire-balle dans le canon, saisir l'arme avec la main gauche au-

____

(1) Dans les platines du nouveau modèle, on aura soin de bien graisser non-seulement les deux crans de la noix, mais en outre le logement et les pivots de la chaînette.

dessous de l'embouchoir, tenir la carabine incli-
née, la sous-garde en dessus, le talon de la crosse
appuyé contre terre, saisir avec la main droite la
broche et la tête de baguette, engager les dents
du tire-balle dans la balle, en appuyant sur la tête
de baguette, et en tournant la main de gauche à
droite. Dès que les dents sont bien engagées dans
le plomb, ne plus appuyer aussi fort, et continuer
de tourner la baguette dans le même sens. Au
bout de quelques secondes, on sent que la balle
tourne avec la baguette; on retire alors la baguette,
et l'on ramène la balle pincée entre les dents du
tire-balle. Il ne faut pas oublier qu'avec le tire-
balle de carabine, on ne peut retirer la balle qu'a-
près l'avoir rongée sur une partie de son pour-
tour cylindrique. On doit donc continuer de tourner la baguette de gauche à droite, jusqu'à ce que
l'on sente que la balle n'offre plus de résistance
et qu'elle tourne avec la baguette. Tant que la
balle résiste et ne tourne pas, on essaierait inutilement de la retirer.

On dégage la balle en tenant la baguette et le
tire-balle serrés dans la main gauche, et en pressant sur la balle avec le pouce de la main droite,
les autres doigts entourant le tire-balle et ceux de
la main gauche; on fait tourner le tire-balle en
se servant du pouce et du premier doigt de la
main droite, afin d'ébranler la balle de tous les
côtés. On a soin de la pousser de manière à la
dégager des dents.

On peut dégager très facilement la balle des
dents du tire-balle, en la pinçant avec le monte-
ressort. On peut encore dégager la balle des dents
du tire-balle, au moyen du chasse-noix. On appuie le petit bout du chasse-noix sur le fond de
l'une des échancrures et contre la balle; on fait

agir ensuite le chasse-noix comme un levier, pour soulever la balle.

Il sera souvent nécessaire, lorsque les balles seront très forcées, d'employer le tire-balle à plusieurs reprises, entre lesquelles on nettoiera ses dents et son intérieur ; on renversera le canon pour expulser les parcelles de plomb rongées par le tire-balle.

Après avoir extrait la balle, on renversera et l'on secouera le canon pour faire tomber la charge de poudre. Si l'arme est restée chargée depuis longtemps, et si elle a fait feu plusieurs fois avant d'être chargée, il sera nécessaire de laver, essuyer et graisser le canon, de le flamber ensuite avec une capsule, avant de recharger.

Le tire-balle fait en même temps fonction de tire-bourre ; il permet de retirer les plus petits morceaux de chiffon et de papier, engagés dans le fond du canon, autour de la tige. On a soin, lorsqu'on fait usage du tire-bourre, de tourner la baguette toujours dans le même sens, de gauche à droite, et, pendant qu'on la retire, de la tourner encore dans le même sens, afin que les dents ne puissent lâcher prise.

Si l'on éprouvait quelques difficultés pour dévisser le tire-balle placé au bout de la baguette, on passerait le chasse-noix dans le trou du tire-balle ; tenant alors d'une main la tête de baguette et la broche, de l'autre, le tire-balle et le chasse-noix, on dévisserait facilement le tire-balle.

TITRE II.

Théorie du tir.

PREMIÈRE LEÇON.

Principes généraux du tir.

Les principes généraux du tir se déduisent des positions relatives, occupées par trois lignes qui sont : la ligne de tir, la trajectoire et la ligne de mire. (*Voir* fig. 1.)

La ligne de tir est l'axe du canon indéfiniment prolongé.

La trajectoire est la ligne courbe que décrit le centre de la balle, pendant son trajet dans l'air.

La ligne de mire est une ligne droite passant par le milieu du fond du cran de mire de la hausse et par le sommet du guidon.

La hausse porte plusieurs crans de mire, et celui du curseur peut être élevé à différentes hauteurs ; de sorte qu'il existe, dans la carabine, une infinité de lignes de mire. Mais les principes généraux contenus dans cette leçon s'appliquent à l'une quelconque de ces lignes.

L'angle de tir est l'angle que la ligne de tir forme avec l'horizon au moment du tir.

L'angle de mire est l'angle que forme la ligne de mire avec la ligne de tir.

6

On appelle plan de tir, le plan vertical qui contient la ligne de tir, au moment du tir.

La trajectoire est tout entière dans ce plan. Elle se confond d'abord avec la ligne de tir et s'en écarte ensuite de plus en plus, à mesure que la balle s'éloigne de la bouche du canon.

Lorsque la ligne de mire est horizontale et placée dans le plan de tir, l'angle de mire est égal à l'angle de tir.

La trajectoire et la ligne de mire peuvent être considérées comme liées invariablement entre elles, lorsque la dernière de ces lignes reste dans le plan de tir.

Dans ce cas, si on élève ou si l'on abaisse la ligne de mire, si on la dirige à droite ou à gauche, la trajectoire participe à ces divers mouvements, et conserve toujours, en chacune de ses parties, la même position relativement à la ligne de mire, pourvu qu'on ne donne pas à celle-ci une trop grande inclinaison au-dessus ou au-dessous de l'horizon.

Dans la pratique, on n'a besoin que très rarement de ces degrés d'inclinaison de la ligne de mire, qui ne permettent plus de regarder cette ligne comme unie à la trajectoire.

Puisque la trajectoire est contenue dans le plan de tir, si l'on a soin de placer la ligne de mire dans ce plan, et de diriger cette ligne sur la verticale passant par le point que l'on veut atteindre, la balle rencontrera quelque part la verticale en question, si cette ligne n'est pas hors des limites de la portée. Pour que ce point de rencontre soit précisément le but, il ne restera plus qu'à diriger la ligne de mire ou, ce qui est la même chose, le rayon visuel rasant le fond du cran de mire et le sommet du guidon, sur un point de la verticale tel que la trajectoire rencontre le but.

Le point dont il s'agit sera déterminé, lorsqu'on connaîtra de combien la trajectoire s'élève au-dessus, ou s'abaisse au-dessous de la ligne de mire, à la distance qui sépare le but de la bouche du canon. Ce point sera élevé ou abaissé par rapport au but, de la quantité dont la trajectoire sera abaissée ou élevée par rapport à la ligne de mire.

Si, par exemple, on sait que la trajectoire à une certaine distance, s'abaisse d'un mètre au-dessous de la ligne de mire, il faudra, pour atteindre un point situé à cette distance, diriger la ligne de mire ou viser à un mètre au-dessus de ce point. Car si on dirigeait la ligne de mire sur ce point même, la balle ou la trajectoire passerait à un mètre au-dessous. Mais si on élève la ligne de mire et si on la dirige à un mètre au-dessus du but, la trajectoire suivra le mouvement de la ligne de mire, conservera par rapport à celle-ci sa première position, et passera, par conséquent, à un mètre au-dessous du point visé, c'est-à-dire par le point qu'il faut atteindre.

On reconnaît que la ligne de mire est placée dans le plan de tir, lorsqu'au moment du tir, le cran de mire et le sommet du guidon ne sont penchés ni à droite ni à gauche d'un plan vertical mené à l'œil, et passant par le milieu du canon dans le sens de sa longueur.

Le tir d'une arme peut donc être réglé à l'aide de la ligne de mire, quand on connaît la position des différents points de la trajectoire, relativement à cette ligne droite, et qu'on a soin de placer les deux points qui déterminent la ligne de mire dans le plan de tir.

Si l'on examine la trajectoire et la ligne de mire dans la position qu'elles occupent généralement, l'une par rapport à l'autre (*Fig*. 1), on reconnaîtra que la ligne de mire coupe la trajectoire en deux points, le premier, très rapproché de la bouche du canon, le second plus éloigné.

Le second point d'intersection de la trajectoire et de la ligne de mire se nomme *but en blanc*.

La distance mesurée sur la ligne de mire, de la bouche du canon au but en blanc, se nomme portée de but en blanc.

A chaque ligne de mire correspond une portée de but en blanc particulière. La portée de but en blanc augmente à mesure que le cran de mire s'élève sur la hausse.

On remarquera qu'au delà du but en blanc, la trajectoire s'abaisse au-dessous de la ligne de mire, et de plus en plus à mesure que la balle s'éloigne du canon.

Qu'en deçà du but en blanc, entre les deux points d'intersection de la ligne de mire et de la trajectoire, la balle s'élève au-dessus de la ligne de mire, de quantités différentes, suivant la position que l'on considère.

Que les élévations de la balle sont très petites dans le voisinage des points d'intersection, et plus grandes vers le milieu de la ligne droite qui réunit ces deux points.

Que depuis la bouche du canon jusqu'à la première intersection, le centre de la balle se trouve au-dessous de la ligne de mire d'une quantité différente, suivant le point où l'on considère le centre de la balle; que ces quantités sont toutes très petites, et qu'en cette partie de son trajet, la balle peut être regardée comme placée sur la ligne de mire.

Puisqu'à une distance égale à la portée de but en blanc, la trajectoire rencontre la ligne de mire, pour atteindre un point situé à cette distance, il suffira de diriger la ligne de mire sur ce point.

Puisque au delà du but en blanc, la trajectoire s'abaisse au-dessous de la ligne de mire, il faudra, pour atteindre un point situé à une distance plus grande que la portée de but en blanc, diriger la ligne de mire au-dessus de ce point ; car si on la dirigeait sur ce point, la trajectoire passerait au-dessous. Pour déterminer l'élévation du point que l'on devra viser, afin de toucher le but, il suffira de connaître l'abaissement de la trajectoire au-dessous de la ligne de mire, à la distance où se trouve placé le point que l'on veut atteindre. Cet abaissement est égal à l'élévation du point que l'on doit viser au-dessus du but. C'est ce que l'on voit clairement, lorsqu'on se souvient que la trajectoire est liée à la ligne de mire.

On verra de même que pour atteindre un but situé entre les deux intersections de la ligne de mire et de la trajectoire, il faut viser au-dessous de ce but, un point verticalement éloigné du premier, d'une longueur égale à celle qui sépare la trajectoire de la ligne de mire, à la distance où se trouve placé le point que l'on veut atteindre.

On reconnaîtra que pour toucher un point distant de la bouche du canon de la même quantité que la première intersection de la ligne de mire et de la trajectoire, il faut diriger la ligne de mire sur ce point, ou, ce qui est la même chose, viser ce point.

Enfin, si le point qu'il s'agit d'atteindre est plus

rapproché de la bouche du canon que la première intersection , il faudra , pour toucher ce point avec le centre de la balle, viser au-dessus de lui. Mais, dans ce cas, le but et le point qu'il faut viser se confondent presque l'un avec l'autre, et sont au plus distants de la moitié environ du diamètre extérieur du canon à la bouche. Il ne peut être question de se préoccuper d'un cas pareil dans la pratique.

Telles sont les règles générales de tir, que l'on résume de la manière suivante :

Lorsque le but est situé à l'un des points d'intersection de la trajectoire et de la ligne de mire, il faut viser le but.

Lorsque le but est situé entre les deux points d'intersection, il faut viser au-dessous du but.

Lorsque le but est situé au delà du but en blanc, il faut viser au-dessus du but, et d'autant plus au-dessus qu'il est plus éloigné.

Lorsque le but est situé entre la bouche du canon et le premier point d'intersection, il faut viser au-dessus du but.

DEUXIÈME LEÇON.

Règles de tir de la carabine d'infanterie.

Lorsqu'on tire sur un objet d'une certaine étendue, on doit diriger la trajectoire sur le centre ou le milieu de cet objet; car si on la dirigeait vers l'une des extrémités, on aurait plus de chances de le manquer, par suite d'une déviation de la balle, d'une erreur ou d'une maladresse dans le tir.

Ainsi, le milieu du corps ou la ceinture est le

but que l'on doit tâcher d'atteindre dans le tir de guerre.

Les règles du tir de guerre de la carabine sont relatives aux diverses lignes de mire déterminées par le sommet du guidon d'une part, de l'autre par les crans de mire fixes et le cran de mire mobile de la hausse.

1re LIGNE DE MIRE.

La première ligne de mire est déterminée par le sommet du guidon, et par le fond du cran de mire du talon de la planche couchée sur le pied.

A côté du cran de mire de cette première ligne, on lit sur la droite du talon : 150 ; ce qui indique que la première ligne de mire rencontre la trajectoire à 150 mètres de la bouche de l'arme.

La première ligne de mire est employée pour régler le tir depuis la bouche de l'arme jusqu'à 225 mètres.

Les élévations de la trajectoire au-dessus de la première ligne de mire, entre la bouche de l'arme et le but en blanc situé à 150 mètres, sont assez petites pour qu'on puisse les négliger dans la pratique militaire ; il en est de même des abaissements depuis le but en blanc jusqu'à 200 mètres.

RÈGLES DE TIR RELATIVES A LA 1re LIGNE DE MIRE.

A 200 mètres, et à toute distance plus petite, viser la ceinture.

A 225 mètres, viser la tête.

2e LIGNE DE MIRE.

La deuxième ligne de mire est déterminée par

le sommet du guidon et par le cran de mire de la fente, la planche étant dressée.

A côté du cran de mire de cette seconde ligne, on lit sur la droite de la hausse : 250 ; ce qui indique que la seconde ligne de mire rencontre la trajectoire à 250 mètres de la bouche de l'arme.

La deuxième ligne de mire est employée pour régler le tir au delà de 225 mètres, et jusqu'à 300 mètres.

RÈGLES DE TIR RELATIVES A LA 2ᵉ LIGNE DE MIRE.

A 250 mètres et à 275 mètres, viser la ceinture.

A 300 mètres, viser la tête.

Comme on vient de le voir, ce n'est qu'à partir de 250 mètres qu'il est nécessaire de lever la hausse.

3ᵉ LIGNE DE MIRE.

La 3ᵉ ligne de mire est déterminée par le sommet du guidon et par le cran de mire du curseur abaissé autant que possible.

Lorsque le curseur est ainsi abaissé, son bord latéral supérieur de droite est à hauteur d'un trait au-dessus duquel on lit : 350 ; ce qui indique que la 3ᵉ ligne de mire rencontre la trajectoire à 350 mètres de la bouche de l'arme.

La 3ᵉ ligne de mire est employée pour régler le tir au delà de 300 mètres et jusqu'à 375 mètres.

RÈGLES DE TIR RELATIVES A LA 3ᵉ LIGNE DE MIRE.

A 325 mètres, viser les genoux.

A 350 mètres, viser la ceinture.

A 375 mètres, viser la tête.

A partir de 400 mètres, on commence à élever le curseur.

Des traits marqués sur les côtés de la planche et surmontés de chiffres exprimant les distances, indiquent les positions que l'on doit donner au curseur, pour que son cran de mire et le sommet du guidon déterminent des lignes de mire permettant de tirer de but en blanc aux distances exprimées en nombres ronds de 400, 500, 600 et 700 mètres.

Lorsqu'on voudra, par exemple, tirer sur un homme à la distance de 600 mètres, on placera les bords supérieurs latéraux du curseur à hauteur du trait au-dessus duquel on lit le chiffre 6 marqué sur le côté gauche de la hausse. On dirigera alors sur le but même, c'est-à-dire sur la ceinture, la ligne de mire déterminée par le sommet du guidon (1) et par le cran de mire du curseur.

Lorsqu'on devra tirer à des distances comprises entre celles dont les lignes de mire peuvent être déterminées, comme il vient d'être dit, au moyen du curseur et des traits de la planche, on placera les bords supérieurs latéraux du curseur entre les traits, dans une position qui sera indiquée par la situation du but entre les distances auxquelles correspondent les traits.

Si, par exemple, l'homme sur lequel on doit faire feu est situé à la distance de 525 mètres, on placera les bords supérieurs latéraux du curseur, au-dessous du trait de 600 mètres, à une distance

____

(1) Il est bien entendu que par ces mots *sommet du guidon*, l'instruction désigne le sommet du guidon ordinaire, ou celui du guidon de baïonnette, suivant que l'un ou l'autre apparaît plus élevé.

de ce trait, égale aux trois quarts de l'intervalle qui le sépare du trait de 500 mètres. On dirigera alors la ligne de mire déterminée par le cran du curseur et le sommet du guidon, sur la ceinture.

Si l'ennemi est situé à la distance de 550 mètres, on placera les bords supérieurs latéraux du curseur, au-dessous du trait de 600 mètres, à une distance de ce trait, égale à la moitié de l'intervalle qui le sépare du trait de 500 mètres. On dirigera alors la ligne de mire déterminée par le cran du curseur et le sommet du guidon, sur la ceinture.

Si l'ennemi est à la distance de 575 mètres, on placera les bords supérieurs latéraux du curseur, au-dessous du trait de 600 mètres, à une distance de ce trait égale au quart de l'intervalle ; on dirigera alors la ligne de mire déterminée par le cran du curseur et le sommet du guidon, sur la ceinture.

On opérera de la même manière pour les distances comprises entre 400 et 500 mètres, entre 600 et 700 mètres.

En indiquant la manière de disposer le curseur pour les distances intermédiaires, on a choisi *pour exemple*, des distances différant entre elle de 25 mètres; il ne faudrait pas conclure de là qu'il soit toujours possible et nécessaire d'apprécier la distance à 25 mètres près.

La dernière ligne de mire de la carabine est déterminée par le sommet du guidon et par le cran de mire entaillé au sommet et sur le milieu de la planche.

Au-dessous du cran de mire de cette dernière ligne, on lit : 800 ; ce qui indique que la dernière ligne de mire rencontre la trajectoire à 800 mètres de la bouche de l'arme.

Pour atteindre une troupe en ligne, à la distance

de 800 mètres, on dirigera la dernière ligne de mire sur le milieu du front de cette troupe.

RÈGLES DE TIR DE LA CARABINE D'INFANTERIE CHARGÉE AVEC LA CARTOUCHE A BALLE SPHÉRIQUE DE $0^m,0167$ DE DIAMÈTRE.

A 175 mètres et à toute distance plus petite, viser la ceinture, en employant la 1re ligne de mire.

A 200 et 225 mètres, viser la ceinture, en employant la 2e ligne de mire.

A 250 et 275 mètres, viser la ceinture, en employant la 3e ligne de mire.

A 300 mètres, élever le curseur à hauteur du trait de 400 mètres, et viser la ceinture en faisant passer la ligne de mire par le cran de mire du curseur et le sommet du guidon.

A 400 mètres, élever le curseur à hauteur du milieu de l'intervalle qui sépare le trait de 500^m du trait de 600^m, et viser la ceinture, en faisant passer la ligne de mire par le cran de mire du curseur et le sommet du guidon.

RÈGLES DU TIR A LA CIBLE.

Les règles du tir à la cible sont les mêmes que celles du tir de guerre.

La cible réglementaire de 2 mètres de hauteur sur $0^m,50$ de largeur (1), représente un fantassin

---

(1) On a fixé la largeur de la cible à $0^m,50$ au lieu de $0^m,57$, largeur des cibles en usage; afin d'avoir, en réunissant deux, trois ou un plus grand nombre de cibles, des largeurs exprimées en nombres ronds de 1^m, $1^m,50$, 2^m, $2^m,50$, etc.

équipé, d'une taille de 1^m,78 (*fig*. 7). La coiffure du fantassin complète la hauteur de 2 mètres que l'on donne à la cible.

Le milieu du corps du fantassin est marqué sur la cible, par un cercle noir, dont le rayon sera de 0^m,10, depuis la plus petite distance, jusqu'à 350 mètres inclusivement.

Au delà de 350 mètres, jusqu'à 600 mètres inclusivement, le rayon du cercle noir des cibles sera de 0^m,15.

Au delà de 600 mètres, jusqu'à 800 mètres, le rayon du cercle noir des cibles sera de 0^m,20.

Lorsqu'on devra tirer sur plusieurs cibles contiguës, il n'y aura qu'un seul cercle noir pour toutes les cibles. Le centre du cercle sera toujours placé à 0^m,89 du pied des cibles, sur la verticale qui partagera leur surface en deux parties égales.

Le cercle noir placé à hauteur de ceinture est le but que l'on se propose d'atteindre, lorsqu'on tire à la cible.

Les cibles ne porteront aucune bande, aucun point de repère indiquant au soldat la direction qu'il doit donner à la ligne de mire, lorsque les règles de tir prescrivent de la diriger au-dessus ou au-dessous du but. Ce sera au tireur d'estimer la position des points de la cible qu'il faut viser, dans ces différents cas, pour atteindre le centre du cercle.

TITRE III.

Théorie et pratique de l'appréciation des distances.

Pour appliquer les règles de tir de la carabine, le tireur doit connaître la distance qui le sépare du but sur lequel il dirige ses coups.

Dans les tirs d'instruction, la cible est généralement placée à des distances mesurées et bien connues. La règle à suivre pour diriger l'arme est alors déterminée avec précision ; mais lorsqu'il s'agit d'appliquer les règles de tir devant l'ennemi, la distance est inconnue, et il importe de l'apprécier le plus promptement et le plus exactement possible, afin de régler le tir en conséquence.

L'appréciation des distances se fait à la vue simple, ou à l'aide d'instruments.

Pour apprendre au soldat à estimer les distances à la vue, on se conformera aux prescriptions suivantes :

On s'occupera d'abord des moyens de vérifier l'estimation d'une distance.

Cette vérification se fera en mesurant la distance à l'aide d'un cordeau, ou plus simplement en comptant le nombre de pas nécessaire pour parcourir la distance.

Un détachement de seize hommes, dirigé par un sous-officier ou par un caporal instructeur, muni d'un cordeau de 25 mètres de longueur, sera conduit sur le terrain. Les hommes devront avoir l'armement et l'équipement complets, à l'exception du sac.

L'instructeur fera mesurer en ligne droite, sur le terrain, à l'aide du cordeau et de soldats employés comme jalonneurs, une distance de 200 mètres, et marquera, par un petit piquet, par une pierre, ou par une raie faite sur le sol, chacune des distances de 0,50, 100, 150 et 200 mètres.

Il ordonnera aux hommes de parcourir la distance de 100 mètres au pas ordinaire, en leur recommandant de prendre leur allure naturelle, sans chercher à augmenter ou à diminuer la longueur de leurs pas.

Il leur prescrira de compter le nombre de pas qu'ils doivent faire pour parcourir la distance de 100 mètres.

Cette opération, répétée au moins trois fois par chaque soldat, fera connaître le rapport du mètre au pas de chacun des hommes du détachement. L'instructeur, après avoir interrogé chaque soldat sur le nombre de pas comptés en parcourant la distance de 100 mètres, lui fera connaître combien il doit faire de pas pour parcourir 10 mètres.

Lorsque le soldat saura combien il doit faire de pas pour 10 et 100 mètres, il lui sera facile d'évaluer une distance au pas, assez exactement pour le but que l'on se propose dans l'instruction du tir.

Pour estimer une distance au pas, le soldat, à partir du point de départ, comptera ses pas, *et dira : 100 mètres, en étendant le pouce de la main droite, les autres doigts fermés,* lorsqu'il aura compté le nombre de pas qu'il doit faire pour parcourir 100 mètres. Il recommencera alors à compter ses pas, depuis un jusqu'au nombre qui correspond à 100 mètres. *Il dira alors : 200 mètres, en étendant le premier doigt de la main droite,* et ainsi de suite jusqu'à ce qu'il se trouve à moins de 100 mètres du point vers lequel il se dirige, et qui limite la distance. En se servant de la main gauche, après avoir levé les cinq doigts de la main droite, il pourra, sans risque de se tromper, compter 1000 mètres.

Lorsque le soldat, après avoir compté par centaines, se trouvera à moins de 100 mètres du but, il ne comptera plus que par dizaines, *et dira :* 10 *mètres,* quand il aura compté le nombre de pas qu'il doit faire pour parcourir 10 mètres. Il recommencera alors à compter ses pas depuis 1 jusqu'au nombre qui correspond à 10 mètres, *et dira :* 20 *mètres;* et ainsi de suite, jusqu'à ce qu'il arrive tellement près du but, qu'il puisse, en faisant le pas plus grand, compter par mètres qu'il ajoutera immédiatement, mètre par mètre, aux dizaines dont il viendra de compter le nombre. Il n'aura plus alors qu'à compter le nombre de doigts levés pour connaître la distance exprimée en mètres.

Si le soldat se trompait dans l'appréciation de la distance plus petite que 100 mètres, il n'y aurait à cela aucun inconvénient : le soldat compterait une centaine et lèverait un droit de plus; il recommencerait à compter par dizaines, puis par mètres, lorsqu'il arriverait très près du but.

L'instructeur formera ensuite son détachement sur un rang, à l'une des extrémités de la distance de 200 mètres, du côté où l'on a commencé le métrage, de telle sorte que la ligne droite mesurée soit perpendiculaire au front de la troupe, et passe par le milieu de ce front.

Il ordonnera à quatre hommes du détachement de se porter, le premier à 50 mètres, le second à 100, le troisième à 150 et le quatrième à 200 mètres, et de faire face au front de la troupe, en se reposant sur leurs armes. Il devra, autant que possible, donner cet ordre à des hommes de taille moyenne.

L'instructeur fera remarquer aux hommes placés dans le rang, les diverses parties de l'habillement, de l'équipement, de l'armement et de la figure, qu'ils peuvent encore apercevoir nettement sur le soldat situé à 50 mètres, et celles que l'on ne peut plus distinguer facilement à cette distance. Il interrogera les hommes, l'un après l'autre, sur les remarques faites d'après la portée de leur vue ; il ne devra point exiger que les réponses soient les mêmes pour tous les hommes du détachement, puisque les portées de leur vue sont généralement différentes.

L'instructeur portera ensuite l'attention des hommes placés dans le rang, sur le soldat situé à 100 mètres, et leur prescrira de faire sur ce soldat des observations du genre de celles dont ils auront déjà rendu compte pour la distance de 50 mètres. En interrogeant les hommes, cette seconde fois, il aura soin de leur signaler les différences qui existent entre les deux distances, quant à la netteté de la vision de certains objets.

L'instructeur prescrira ensuite de faire successivement sur les deux soldats situés, l'un à 150 mètres, l'autre à 200 mètres du front de la troupe, des observations analogues à celles dont il vient d'être question pour les distances de 50 à 100 mètres. Il s'attachera surtout à signaler à chaque soldat, et suivant les observations de chacun d'eux, les différences qui existent entre les quatre distances, quant à la vision nette, confuse ou impossible de certains objets.

L'instructeur aura soin de faire remarquer aux hommes que les soldats paraissent d'autant plus petits qu'ils sont plus éloignés, bien qu'ils soient en réalité de tailles à peu près égales. Il devra faire remplacer fréquemment les soldats placés aux distances d'observations, afin que l'instruction puisse être donnée également à tous les hommes du détachement.

Lorsque les hommes du détachement auront fait des observations assez nombreuses aux quatre distances désignées, et quand ces observations seront bien gravées dans leur mémoire, l'instructeur procédera à l'estimation des distances comprises dans les limites de 50 et 200 mètres.

Pour cela, après avoir formé le détachement sur un rang et sur une partie du terrain autre que celle où la mesure des distances aura été faite d'abord, l'instructeur enverra un soldat en avant du front de la troupe, en lui prescrivant de s'arrêter, de faire face et de se reposer sur les armes au commandement *halte*. Quand ce soldat sera parvenu à une distance jugée convenable et comprise entre 50 et 200 mètres, l'instructeur commandera *halte*.

Il prescrira alors aux hommes dans le rang, d'observer le soldat qui leur fait face et d'estimer la distance, en se rappelant les observations faites par eux sur des hommes placés aux distances précédemment mesurées.

L'instructeur interrogera chaque homme séparément, en le faisant sortir du rang, et en lui recommandant de répondre à voix basse, afin que l'opinion des derniers hommes interrogés, ne soit pas influencée par celle des premiers ; il notera sur un calepin la distance indiquée par chaque soldat.

L'instructeur fera ensuite vérifier la distance au cordeau, par deux soldats, et au pas par tous les autres.

Il prescrira à chacun des hommes ayant mesuré la distance au pas, de lui en donner la mesure, en s'exprimant à voix basse, et il inscrira sur le calepin, d'une part, la distance réelle, de l'autre, les distances mesurées au pas, à côté des distances estimées à la vue par chaque soldat.

L'inscription de ces différents résultats étant faite sur le calepin, l'instructeur en donnera lecture au détachement. Il rectifiera les erreurs que chacun des hommes aura pu commettre dans l'estimation de la distance à vue, ou dans la mesure de cette distance au pas.

L'instructeur fera répéter les mêmes exercices autant de fois qu'il le jugera nécessaire, en ayant soin de choisir chaque fois une distance différente, mais toujours comprise dans les limites ci-dessus indiquées.

Les séances d'appréciation des distances devront avoir lieu dans des circonstances atmosphériques diverses, et, si la localité le permet, les détachements devront être conduits sur des terrains de configurations différentes.

Lorsque l'instructeur jugera que les hommes de son détachement, qui devront, autant que possible, être les mêmes pendant la durée totale des exercices, savent apprécier avec une exactitude suffisante les distances comprises entre 50 et 200 mètres, il procédera à l'estimation des distances comprises entre 200 et 400 mètres.

Dans ce but, il fera mesurer au cordeau une distance de 400 mètres, et marquera sur la ligne droite mesurée les distances de 0,200, 250, 300, 350 et 400 mètres.

Le détachement étant formé comme il a été expliqué, l'instructeur ordonnera à 5 soldats de se porter, le 1er à 200 mètres, le 2e à 250, le 3e à 300, le 4e à 350, le 5e à 400 mètres du front de la troupe, de faire face, et de se reposer sur leurs armes. Il fera commencer alors pour ces distances des observations analogues à celles déjà faites pour les distances plus petites et pour celle de 200 mètres. Cette dernière distance devra être l'objet d'une étude particulière, et sera le terme de comparaison auquel pourront se rapporter toutes les remarques recueillies aux autres distances.

L'instructeur fera estimer les distances comprises entre 200 et 400 mètres, comme on l'a expliqué pour les distances plus petites.

Lorsque les hommes du détachement sauront apprécier, à un degré d'approximation suffisant, les distances comprises entre 200 et 400 mètres, l'instructeur fera estimer une distance quelconque, entre les limites de 50 et 400 mètres.

Les exercices de l'appréciation des distances seront bornés, pour les jeunes soldats, à ceux qui sont expliqués ci-dessus.

Après avoir répété, chaque année, ces mêmes exercices, les anciens soldats, dirigés par les commandants de compagnie, seront exercés à évaluer les distances comprises entre 200 et 800 mètres.

L'appréciation de ces distances ne sera plus faite comme précédemment sur des hommes isolés, mais sur des groupes. Les distances seront évaluées, de prime abord, sans que l'on s'astreigne à faire préalablement des observations dans les limites de ces distances. Chaque compagnie dirigée par le capitaine, sera partagée en deux sections commandées par le lieutenant et le sous-lieutenant.

Le capitaine passera d'une section à l'autre pour diriger et surveiller les exercices.

Le chef de chaque section, après avoir arrêté sa troupe dans une position favorable indiquée par le capitaine, fera reposer sur les armes, et commandera : en place repos.

Un groupe armé, composé d'un caporal, d'un clairon ou d'un tambour et de deux soldats, se portera immédiatement en avant de la section, en suivant une ligne que le chef de section aura déterminée par deux points de repère reconnus dans la campagne.

Le caporal, après avoir parcouru une distance dépassant 200 mètres, et qu'il sera libre, du reste, de fixer à son gré, pourvu qu'elle soit plus petite que 800 mètres, placera les trois hommes sur un rang, à un pas d'intervalle, faisant face à la section et reposés sur leurs armes ; il se tiendra lui-même à la droite du rang dont le milieu sera établi sur la ligne.

Le chef de section évaluera la distance du groupe pour son propre compte, et lorsqu'il jugera que les sous-officiers et caporaux sous ses ordres ont eu le temps de l'apprécier, de leur côté, il interrogera à voix basse les sous-officiers et les caporaux, en les faisant sortir des rangs. Il tiendra note de l'évaluation faite par chaque sous-officier ou caporal. Ceux-ci interrogeront à leur tour les soldats, de la même manière, et prendront, chacun pour un certain nombre de ces derniers, la note des évaluations.

Dès que la distance sera appréciée, et que le chef de section commencera à interroger les sous-officiers, un sergent aidé de deux soldats porteurs d'un cordeau de 25 mètres et d'un double mètre, mesurera la distance qui sépare la section du groupe. Il tiendra note exacte de cette distance, et l'indiquera au clairon ou au tambour du groupe, en ne tenant compte que des centaines et des dizaines de mètres. Quand le chiffre des unités sera plus petit que 5, ou égal à 5, il le négligera. Quand ce chiffre sera plus grand que 5, il indiquera au clairon une dizaine de plus; mais, dans tous les cas, il devra inscrire en chiffres, sur son calepin, la distance exacte à un décimètre près.

Quand toutes les notes des évaluations auront été prises, et que la distance aura été mesurée, le chef de section fera rentrer les sous-officiers et les caporaux à leur poste. Il ordonnera à un caporal muni d'un fanion engagé dans le canon de sa carabine, de se porter à dix pas sur la droite de la section, et d'élever le fanion en l'air. A ce signal, le sous-officier chargé de mesurer la distance prescrira au clairon ou au tambour de l'indiquer par une sonnerie ou par une batterie.

Le clairon indiquera la distance par autant de coups de langue traînants qu'elle contiendra de centaines de mètres, et par autant de coups de langue brefs qu'elle contiendra de dizaines de mètres en sus des centaines; il laissera un intervalle suffisant entre les deux espèces de coups de langue.

Le tambour indiquera la distance par autant de roulements qu'elle contiendra de centaines de mètres, et par autant de coup de baguettes qu'elle contiendra de dizaines de mètres en sus des centaines.

Après la sonnerie ou la batterie, le caporal muni du fanion rentrera dans le rang; le groupe fera demi-tour, se portera en avant sur la ligne et parcourra une distance que le caporal sera libre de fixer, pourvu qu'il ne sorte pas des limites prescrites. Le caporal établira le groupe sur la ligne comme il a été dit.

Quand le groupe sera placé face à la section, le sergent chargé de mesurer la distance, démasquera la ligne après avoir marqué l'extrémité de la distance mesurée. Il observera la section, et dès qu'il s'apercevra que le chef de section commence à interroger, il mesurera la distance qui sépare le groupe de sa première station. Il tiendra note exacte de cette distance et l'ajoutera à la première; il agira ensuite comme il a été dit ci-dessus. La section fera pour la nouvelle distance ce qui a été indiqué pour la première, et les exercices continueront de la même manière pendant la première reprise de chaque séance.

Lorsque le caporal du groupe aura pris position très près de l'extrémité de la distance de 800 mètres, il devra rétrograder, et le sergent chargé de mesurer les distances aura soin de retrancher, dans ce cas, la nouvelle distance mesurée de celle à laquelle il se trouvait de la section, avant de revenir sur ses pas.

Avant le repos, le chef de section se portera sur une autre partie du terrain ; il sera rallié par le sergent chargé de mesurer les distances, et par le groupe. Les exercices de la deuxième reprise se feront comme ceux de la première.

ESTIMATION DES DISTANCES, A L'AIDE D'UNE STADIA.

Dans les différents exercices de l'appréciation des distances à la vue simple, on aura pu remarquer que la grandeur des soldats de taille moyenne, placés aux diverses distances d'observation, paraît d'autant plus petite qu'ils sont plus éloignés.

Il résulte de cette observation, que si l'on avait le moyen de mesurer la hauteur apparente d'un fantassin équipé et de taille moyenne, on pourrait, par cette mesure, déterminer la distance de ce fantassin au point que l'on occuperait, si l'on savait d'avance que telle hauteur apparente du soldat équipé correspond à telle distance.

Or, il est facile de mesurer approximativement la hauteur apparente d'un objet quelconque, entièrement à découvert, et situé à une distance comprise dans les limites de la vue. Pour prendre cette mesure, il suffit de tenir verticalement, de la main droite, une petite règle graduée sur les bords en millimètres, de diriger un rayon visuel par la partie supérieure de la règle, et par le point le plus élevé de l'objet; de faire passer ensuite sans remuer la règle, et sans déranger la tête, un autre rayon visuel par le point le plus bas placé sur l'objet, en se servant du pouce pour marquer l'endroit où ce rayon rencontre le bord gradué de la règle. On s'assure que la portion de la règle interceptée par les deux rayons visuels couvre bien exactement la hauteur entière de l'objet, et la mesure de la hauteur apparente est donnée par le nombre de millimètres contenus sur le bord de la règle entre les deux rayons visuels.

La hauteur apparente ainsi mesurée sera différente pour le même objet ne changeant pas de distance, si l'on ne place pas la règle à la même distance de l'œil ; mais si l'on tient la règle verticalement, et toujours également éloignée de l'œil, on retrouvera toujours la même hauteur apparente, quand l'objet ne changera pas de distance et de dimensions.

Si donc on marque sur les faces et sur les bords d'une petite règle, les différentes hauteurs apparentes du fantassin, mesurées comme il vient d'être expliqué, aux diverses distances de 100, 125, 150 mètres, etc.. on pourra, au moyen de cette règle ainsi graduée, juger de la distance d'un fantassin équipé, de taille moyenne, si l'on tient, comme il a été dit, la règle à la distance de l'œil pour laquelle les hauteurs apparentes ont été mesurées.

On parviendrait, par expérience, et en opérant comme on vient de l'expliquer, à marquer sur une petite règle les hauteurs apparentes du fantassin placé à diverses distances ; mais il est beaucoup plus simple de déterminer les divisions de la règle par le calcul, en prenant pour hauteur moyenne du fantassin, 1^m,80, y compris la coiffure.

Comme à la guerre, on n'a pas seulement besoin d'estimer la distance d'un fantassin, ou d'une troupe d'infanterie, mais encore celle d'un cavalier ou d'une troupe de cavalerie, il est nécessaire de calculer les hauteurs apparentes du cavalier que l'on supposera d'une hauteur de 2^m,50 ; sur un des côtés de la règle, on marquera les hauteurs apparentes du fantassin, sur l'autre côté, celles du cavalier.

Les instruments très simples construits de cette manière, et auxquels on donne le nom de *stadia*, laissent une grande incertitude dans la détermination des distances, dès qu'elles dépassent 200 mètres.

On obtient de meilleurs résultats et une appréciation plus prompte et plus facile, en se servant d'une stadia construite d'après les mêmes principes, mais sur laquelle les hauteurs apparentes sont marquées plus distinctement, et sont mesurées pour une distance exprimée par un nombre quelconque de mètres, dans les limites où l'appréciation est utile ou possible.

Cette stadia consiste en un triangle isocèle découpé sur une plaque métallique ou sur une feuille de carton (*Fig.* 2).

L'intervalle des deux grands côtés du triangle, lorsqu'on le mesure parallèlement à la petite base, diminue de plus en plus, et par degrés insensibles, de la base au sommet. En prenant cette base égale à la hauteur apparente du fantassin placé à 125 mètres, par exemple, les différents intervalles des grands côtés représenteront la série continue et décroissante des hauteurs apparentes, depuis 125 mètres jusqu'aux plus grandes distances. On pourra donc trouver, d'un côté à l'autre du triangle, un intervalle égal à la hauteur apparente du fantassin situé à une distance déterminée, plus grande que 125 mètres, quelle que soit d'ailleurs cette distance.

La base et la hauteur du triangle étant choisies de manière à ne point rendre les divisions confuses, et à ne pas augmenter outre mesure les dimensions de l'instrument, il sera très facile de déterminer sur les grands côtés du triangle les intervalles égaux aux diverses hauteurs apparentes du fantassin équipé, placé aux distances de 150, 175, 200, 225 mètres, etc.

La position de ces intervalles sera marquée par de grands traits, lorsqu'ils correspondront à des distances exprimées en nombres ronds de 200, 300, 400 mètres, etc. ; par de petits traits, lorsqu'ils correspondront aux distances de 225, 325, 425 mètres, etc., et par des traits moyens pour les distances de 150, 250, 350 mètres, etc. Au-dessus des grands traits seront inscrits des chiffres indiquant les distances.

Lorsqu'on voudra se servir de cette stadia pour mesurer la distance d'un fantassin équipé, on tiendra la feuille de carton ou la plaque métallique entre le pouce et les deux premiers doigts de la main droite, la petite base du triangle placée verticalement, le bras tendu de toute sa longueur, la tête droite et immobile ; on regardera, en fermant l'œil gauche, le fantassin à travers le triangle découpé, et l'on fera mouvoir l'instrument jusqu'à ce que les deux rayons visuels, dirigés, l'un à la partie supérieure de la coiffure, l'autre aux pieds du soldat, rasent les deux grands côtés du triangle, de telle sorte que le fantassin soit intercalé dans les deux côtés. On regardera alors le trait marqué au point où l'intercalation a lieu, et ce trait indiquera la distance. Si aucun trait n'est marqué en ce point, on regardera les deux traits les plus proches, et avec un peu d'habitude, on lira facilement la distance.

En faisant mouvoir la stadia, on doit avoir soin de la laisser toujours à la même distance de l'œil, et de tenir la petite base verticale.

Il est bien entendu que cette stadia, comme les précédentes, doit être placée à la distance de l'œil pour laquelle les hauteurs apparentes ont été calculées, ou du moins à une distance très peu différente.

La stadia doit être graduée d'un côté pour l'estimation des distances du fantassin, et de l'autre, pour celle des distances du cavalier.

Dans les divers exercices de l'appréciation des distances, les officiers, les sous-officiers et les caporaux pourront se servir de la stadia ou de tout autre instrument du même genre, admis par le chef de bataillon.

OBSERVATIONS GÉNÉRALES SUR LES EXERCICES DE L'APPRÉCIATION DES DISTANCES.

On ne peut rien prescrire, quant à la durée de l'instruction pratique de l'appréciation des distances, et à la répartition de toutes les parties de cette instruction sur plusieurs séances. On aura soin seulement de suivre dans les exercices la marche indiquée dans cette leçon, et de reprendre, à chaque séance, la série de ces exercices, au point où on l'aura laissée dans la séance précédente.

L'instruction de l'appréciation des distances sera donnée lorsque les autres parties du service le permettront ; elle précédera les exercices du tir à la cible, et continuera en même temps que ces derniers ; on y emploiera une partie des séances de tir, pendant lesquelles les soldats perdent souvent du temps à attendre leur tour de tirer.

Messieurs les officiers devront particulièrement s'exercer à l'appréciation des distances, qui n'est pas moins utile à un manœuvrier qu'à un tireur. Comme ils sont appelés à commander le feu et à régler le tir devant l'ennemi, ils doivent acquérir l'habitude d'estimer rapidement une distance.

TITRE IV.

Pratique du tir.

PREMIÈRE LEÇON.

Exercices préparatoires de tir.

Dans les exercices de cette première leçon l'instructeur commandera un détachement de douze hommes au plus. Ces hommes seront formés sur un rang, à un pas d'intervalle, quand les exercices auront lieu sur le terrain.

Si l'on dispose d'un assez grand nombre d'instructeurs, il sera avantageux, surtout pour l'instruction des jeunes soldats, de réduire chaque détachement au plus petit nombre d'hommes possible.

Dans tous les exercices préparatoires de tir, à l'exception de ceux du pointage sur chevalet, les anciens et les jeunes soldats devront avoir le sac. La baïonnette sera toujours placée au bout du canon.

Les séances d'instruction préparatoire de tir seront, autant que possible, de deux heures, en y comprenant une pause d'un quart d'heure.

ARTICLE Ier.

POINTAGE.

L'instruction du pointage se donnera d'abord dans les chambres.

L'instructeur placera une carabine sur le chevalet de pointage (1), et dirigera la première ligne de mire sur un point des murs ou des fenêtres, marqué par un pain à cacheter ou de toute autre manière. Il aura soin de placer le guidon et la hausse de telle sorte que ces parties de l'arme ne penchent ni à droite, ni à gauche.

L'instructeur commencera par montrer aux hommes les deux points qui déterminent la ligne de mire, c'est-à-dire le sommet du guidon et le milieu du fond du cran de mire du talon de la hausse couchée sur son pied; il leur expliquera que, pour viser, il suffit de mettre ces deux points et celui que l'on doit viser sur un même rayon

---

(1) Dans les chambres, on peut employer au lieu de chevalet de pointage, un petit sac rempli de terre ou de sable. Le sac est placé sur un banc, le banc sur une table. On fait, en frappant avec le revers de la main sur le sac qui ne doit pas être rempli entièrement, un logement pour le fût de l'arme. On place l'arme en équilibre sur le sac, et l'on peut alors facilement la diriger à droite ou à gauche, en haut ou en bas, dans des limites assez étendues, en faisant mouvoir la crosse avec la main droite, et en avançant ou faisant rétrograder le fût dans son logement. Cet appareil de pointage ne coûte rien, et fournit d'aussi bons résultats qu'un chevalet. Quand on donne l'instruction du pointage sur le terrain, ou peut placer le sac sur un trépied formé par trois gros bâtons liés entre eux au moyen de cordes, ou de toute autre manière. On peut employer comme trépied un faisceau de quatre carabines.

8.

visuel ; que, par conséquent, il ne faut pas regarder ces trois points avec les deux yeux, mais avec un seul, l'œil droit, en fermant pour cela l'œil gauche.

L'instructeur prescrira ensuite aux hommes de regarder, l'un après l'autre, en fermant l'œil gauche, et en se plaçant en arrière de la crosse, sans la toucher, le milieu du fond du cran de mire, le sommet du guidon, et le milieu du pain à cacheter sur lequel la ligne de mire aura été préalablement dirigée, et de voir par eux-mêmes que ces trois points sont bien sur le même rayon visuel, ou, ce qui est la même chose, en ligne droite.

L'instructeur, après avoir dérangé la carabine, prescrira successivement à chaque soldat de viser le point désigné. Il vérifiera le pointage, indiquera à chaque homme, s'il y a lieu, les erreurs qu'il aura commises, en lui faisant voir que la ligne de mire n'est pas dirigée convenablement, et qu'elle passe au-dessus ou au-dessous, à droite ou à gauche du point qu'il fallait viser. Après avoir rectifié le pointage exécuté par chaque soldat, l'instructeur aura soin de déranger la carabine.

Les hommes pointeront en se plaçant en arrière de la crosse, et en faisant mouvoir l'arme avec la main droite.

L'instructeur répétera ensuite le même exercice ; mais, au lieu de rectifier d'abord par ses propres yeux le pointage exécuté à tour de rôle par chaque soldat, il le fera vérifier successivement par tous les autres, en demandant à chacun de ces derniers si la ligne de mire passe à droite ou à gauche, au-dessus ou au-dessous du point désigné. Lorsque tous les hommes auront exprimé leur opinion, l'instructeur donnera la sienne, et corrigera ainsi toutes les erreurs qui auraient pu être commises. L'instructeur fera recommencer cet exercice autant de fois qu'il sera nécessaire, et donnera, après chaque séance, une note bonne, médiocre ou mauvaise à chaque pointeur.

Les officiers chargés de l'instruction prendront connaissance de ces notes.

Deux séances, de deux heures chacune, consacrées à cette première partie de l'instruction du pointage, suffiront pour que la généralité des jeunes soldats sache diriger une ligne de mire sur un point déterminé. Dans ces deux séances, l'instructeur ne lèvera point la hausse, et ne se servira pour instruire les jeunes soldats que de la première ligne de mire.

Dans une troisième séance, l'instructeur fera la nomenclature de la hausse, indiquera les fonctions des différentes parties de cette pièce, et interrogera les hommes pour s'assurer qu'ils ont bien compris ; il expliquera ensuite les règles de tir, en se bornant à celles qui sont relatives aux trois premières lignes de mire. Il interrogera les hommes sur ces règles et les leur fera ensuite appliquer de la manière suivante :

La carabine étant placée sur un chevalet, l'instructeur prescrira successivement à chaque homme de la pointer sur un but désigné et situé, réellement ou par supposition, à l'une des distances pour lesquelles les règles de tir sont déjà connues. L'instructeur dira, par exemple, après avoir désigné le but :

A 250 mètres, pointez la carabine.

Il vérifiera le pointage, s'assurera que le pointeur a bien employé la ligne de mire convenable, et l'a dirigée conformément aux règles, sans pencher la hausse et le guidon à droite, ni à gauche. Il rectifiera les erreurs commises.

L'instructeur fera répéter cet exercice, autant de fois qu'il le pourra, pendant la durée de la troisième séance, en changeant chaque fois la distance à laquelle il supposera le but placé.

On pourra se servir, pour le pointage, d'une cible sur laquelle le but sera représenté par le cercle réglementaire ; ou bien, on emploiera une règle de deux mètres de longueur, non compris le pied enfoncé dans le sol. On placera le centre du but à 0^m,89 de la partie de la règle qui se trouvera au niveau du sol. Une règle ou un simple bâton verticalement placés valent mieux que la cible, lorsqu'on opère sur un terrain de peu d'étendue.

Dans une quatrième séance, l'instructeur fera répéter les exercices de la troisième, autant de fois qu'il sera nécessaire pour que chaque homme ait appliqué convenablement les règles de tir relatives aux trois premières lignes de mire.

Dans une cinquième séance, l'instructeur enseignera aux jeunes soldats la manière de placer le curseur, pour tirer aux diverses distances comprises entre 400 et 750 mètres ; il leur montrera le cran de mire du sommet de la hausse, qui appartient à la dernière ligne de mire, dont on se sert dans le tir à la distance de 800 mètres.

Avant de faire appliquer les règles de tir des distances plus grandes que 400 mètres, l'instructeur s'assurera que les hommes savent placer le curseur à la hauteur qui correspond à chaque distance de tir.

L'instructeur dira, par exemple : *Disposez le curseur pour la distance de 575 mètres.*

Il est bien entendu que, pour tout ce qui concerne la hausse et les règles de tir, on devra consulter l'article 1er de la 3e partie du titre 1er, et la 2e leçon du titre 2.

Lorsque les hommes sauront disposer le curseur, l'application des règles de tir relatives aux distances comprises entre 400 et 800 mètres ne leur présentera aucune difficulté; l'instructeur terminera la 5e séance en faisant faire aux hommes cette application :

La carabine étant placée sur chevalet, l'instructeur s'adressera successivement à chaque soldat, et lui dira, par exemple :

A 725 mètres pointez la carabine.

Dans une sixième séance, l'instructeur fera appliquer, comme il a été expliqué ci-dessus, toutes les règles de tir de la carabine, depuis la bouche du canon jusqu'à la distance de 800 mètres.

L'instruction du pointage a été détaillée, dans cet article, telle qu'elle doit être donnée aux jeunes soldats, en six séances. Les exercices de ce même article seront répétés par les anciens soldats en deux séances seulement. Dans la première, l'instructeur expliquera la nomenclature et les fonctions de toutes les parties de la hausse, ainsi que les règles de tir. Il interrogera les anciens soldats, et leur fera faire l'application des règles par le pointage sur chevalet. La deuxième séance sera employée à interroger une seconde fois les anciens soldats, et à leur faire appliquer de nouveau les règles de tir.

Quoiqu'il ne soit pas nécessaire, pour enseigner le pointage et les règles de tir, de placer le but aux distances réelles, et quoiqu'il y ait moyen de suppléer en partie à l'instruction du pointage aux grandes distances, par l'emploi de buts très petits et réduits dans leurs dimensions comme la distance l'est elle-même, il conviendra de faire appliquer, au moins pendant la dernière séance, les règles de tir et le pointage, sur des buts placés réellement aux distances désignées par l'instructeur.

ARTICLE II.

POSITION DU TIREUR ISOLÉ DEBOUT.

Lorsque les hommes connaîtront suffisamment le pointage, on leur enseignera à prendre la position du tireur isolé debout.

Après avoir formé son détachement sur un seul rang, en prescrivant aux hommes de se tenir à un pas d'intervalle, l'instructeur faisant face au milieu de la troupe, à dix pas de distance, donnera lentement le détail de la position, en exécutant lui-même les mouvements prescrits.

Position du tireur isolé debout.

1 temps et 3 mouvements.

1er et 2e mouvements. Croiser la baïonnette, en plaçant le milieu du pied droit vis à vis et à 40 centimètres environ du talon gauche, la tête élevée, le corps d'aplomb et reposant également sur les deux jambes, armer et saisir l'arme à la poignée.

3e mouvement. Rentrer légèrement la pointe du pied gauche, élever l'arme avec les deux mains, appuyer la crosse contre l'épaule, le corps restant droit et la tête levée, la main gauche plus ou moins rapprochée de la capucine suivant la conformation de l'homme, la monture reposant sur la paume de cette main, le pouce allongé sur le bois, les autres doigts placés sur les bords de la monture, le coude gauche en dedans. Fermer l'œil gauche, lever l'épaule droite afin d'amener la première ligne de mire à hauteur de l'œil droit, le coude levé à peu près à hauteur de l'épaule ; faire passer un rayon visuel par les deux points de la ligne de mire, en la tenant horizontale, et en penchant le moins possible la tête à droite ; maintenir le sommet du guidon et le cran de mire dans le plan vertical de tir, le pouce de la main droite en travers sur la poignée, la dernière phalange du premier doigt de la main droite en avant de la détente sans la toucher, les autres doigts entourant la poignée et s'aidant du pouce pour tenir la carabine.

L'instructeur après avoir détaillé la position, la fera prendre par chaque soldat, en commençant par le premier placé à la droite du rang. Il s'approchera de celui qu'il voudra instruire, afin de soutenir l'arme de ce soldat en portant la main à la grenadière. Il aidera ainsi les hommes à prendre la position dans les commencements, et diminuera leurs fatigues pendant le temps employé à leur donner les premiers renseignements et à rectifier les positions.

L'instructeur fera ensuite prendre la position par le même soldat, sans le guider et sans soutenir son arme. Après lui avoir indiqué, s'il y a lieu, en quoi sa position est défectueuse, il la lui fera quitter.

Pour faire prendre ou quitter la position, l'instructeur dira :

Prenez la position du tireur debout ou *quittez la position.*

Lorsque l'instructeur passera d'un soldat à un autre pour enseigner la position prescrite, il ordonnera à celui qu'il quittera de prendre de lui-même cette position, de la garder un instant, de la quitter et de la reprendre autant de fois qu'il le pourra pendant que l'instruction sera donnée aux autres.

Lorsque les hommes devront prendre et quitter fréquemment la position, il faudra leur recommander de ne point armer.

L'instructeur fera ensuite prendre la position par tous les hommes à la fois, et les laissera en joue pendant un temps suffisant pour qu'ils s'affermissent dans la position prescrite, mais assez court cependant pour ne point occasionner une fatigue trop grande.

Placé devant le rang, l'instructeur adressera des observations aux soldats, afin de rectifier leur position.

La position du tireur debout pourra être enseignée dans les chambres : dans ce cas l'instructeur ne s'occupera que d'un seul homme à la fois. Pendant que chaque soldat recevra les avis de l'instructeur, les autres s'exerceront à prendre, conserver et quitter la position.

Deux séances seront employées à donner aux jeunes soldats la position ci-dessus décrite ; une seule suffira aux anciens. Dans ces séances, on ne prescrira pas aux soldats de viser un point désigné, mais seulement de faire passer un rayon visuel par les deux points de la première ligne de mire, et de tenir cette ligne à peu près horizontale.

La position du tireur debout ne peut pas être prise en tous points de la même manière, lorsqu'au lieu du premier cran de mire, on est obligé de se servir d'un cran plus élevé. Il faut alors que le tireur abaisse de plus en plus l'épaule et les bras, à mesure que le cran de mire s'élève sur la hausse.

Sans quitter la position du corps, sans pencher

la tête, la hausse étant levée, le tireur peut, en abaissant par degrés l'épaule et les bras, faire passer successivement par son œil droit les lignes de mire de la carabine, en commençant par celle de 250 mètres, et en finissant par celle de 800 mètres. En relevant ensuite l'épaule et les bras, il peut faire repasser par son œil les lignes de mire dans un ordre inverse, tout en maintenant constamment dans la même direction la ligne qui passe par son œil et par le sommet du guidon. Un exercice, comme celui dont il est question en ce moment, est très propre à affermir les hommes dans la position du tireur debout, et à leur donner de l'aisance dans le tir; mais on ne pourrait l'exiger d'eux avant qu'ils eussent bien exécuté ce qui est expliqué au commencement de cet article et dans celui qui va suivre.

ARTICLE III.

POSITION DU TIREUR ISOLÉ DEBOUT ET POINTAGE.

Lorsque les hommes seront suffisamment affermis dans la position du tireur debout, telle qu'elle est décrite au commencement de l'article 2, ils seront exercés à la garder en visant un point que l'instructeur désignera, et à la modifier comme elle doit l'être, lorsqu'il faut se servir d'un cran de mire plus élevé que celui de la première ligne de mire.

Les deux reprises de chaque séance seront alors employées à des exercices différents. Pendant la première, l'instructeur fera viser dans la position du tireur debout. Pendant la deuxième, il fera pointer sur chevalet, appliquer les règles de tir, et revoir la nomenclature des diverses parties de l'arme.

9

Dans le pointage sur chevalet, le soldat sera placé derrière la crosse, comme il est dit à l'article premier.

Lorsque le soldat devra viser, l'instructeur lui prescrira de diriger la ligne de mire au-dessous du point désigné, et d'élever lentement cette ligne jusqu'à ce qu'elle passe par le point qu'il faut viser, de l'arrêter sur ce point, en conservant l'immobilité de l'arme et du corps.

L'instructeur fera d'abord viser, au moyen du cran de mire du talon de la planche; il fera ensuite lever la hausse, et prescrira d'employer la seconde ligne de mire; de la seconde, il passera à la troisième, puis à celles des distances de 400, 500, 600, 700 et 800 mètres.

Les hommes ayant été exercés d'abord à se servir de la première ligne de mire, en levant l'épaule pour amener cette ligne devant l'œil droit, parviendront aisément à viser au moyen des crans de mire appartenant aux distances moyennes; l'instructeur recommandera de baisser l'épaule et les bras à mesure que le cran de mire s'élève, et de conserver, du reste, la position prescrite.

L'emploi des lignes de mire des distances de 700 et 800 mètres rendra seul la position du tireur debout difficile pour quelques hommes. Pour pouvoir diriger ces deux dernières lignes, on est obligé d'appuyer contre l'épaule le talon de la plaque de couche. Si l'on a le cou très court, la position devient gênante et ne peut plus être régulière. Les instructeurs connaîtront ces difficultés, et ne devront point exiger des hommes ce que leur conformation rendra impossible.

Lorsque les exercices auront lieu sur le terrain, les hommes prendront la position, et viseront ensemble, au commandement de l'instructeur qui dira par exemple :

A 500 mètres, pointez la carabine dans la position du tireur debout.

L'instructeur aura soin de ne point tenir les hommes trop longtemps dans cette position, et de leur indiquer le but disposé comme il a été dit dans le premier article.

Lorsque le soldat recevra l'ordre de pointer à une distance pour laquelle il est nécessaire d'employer le cran de mire du curseur, il mettra le curseur en place avant de prendre la position du tireur, lorsqu'il sera encore à celle de : *Croisez la baïonnette.* A cet effet, il soulèvera un peu la carabine en la plaçant horizontalement, le bras gauche et la monture de l'arme joignant le corps ; il saisira les rebords du curseur avec le pouce et le premier doigt de la main droite, et regardant la planche, il fera jouer le curseur pour l'amener à la place qu'il doit occuper ; il lèvera ensuite la hausse, reportera la main droite à la poignée, et prendra la position du tireur debout.

Deux séances seront employées à faire exécuter aux jeunes soldats ce qui est prescrit dans cet article, qui sera revu en une seule séance par les anciens.

ARTICLE IV.

POSITION DU TIREUR A GENOU ET POINTAGE.

On ne fera point de commandement régulier ; on ne distinguera ni temps ni mouvements. L'instructeur dira seulement aux soldats, lorsqu'il le faudra : *Prenez la position du tireur à genou,* ou : *Quittez la position.*

L'instructeur détaillera la position du tireur à genou de la manière suivante :

Prendre la position du premier rang telle qu'elle est décrite dans l'école du soldat après le commandement : *Apprêtez vos armes*, sans armer.

Faire pivoter la jambe droite autour du genou appuyé à terre ; placer cette jambe à peu près perpendiculairement à la direction du pied gauche, dans la position la plus commode.

Soulever l'arme avec la main gauche ; l'abattre à l'aide des deux mains, l'avant-bras gauche appuyé sur la jambe du même côté, la main droite à la poignée, la crosse touchant la cuisse droite ; s'asseoir en même temps sur le talon droit ; prendre de l'aplomb et de l'aisance, disposer le curseur et lever la hausse, si cela est nécessaire ; armer.

Mettre en joue en appuyant le coude gauche sur la cuisse et près du genou, la main gauche soutenant l'arme entre la capucine et le talon de la hausse, l'épaule droite levée ou abaissée suivant la position du but, le coude à peu près à hauteur de l'épaule ; diriger la ligne de mire sur le point qu'indiquent les règles de tir, en maintenant le sommet du guidon et le cran de mire dans le plan vertical de tir, le pouce de la main droite en travers sur la poignée, la dernière phalange du premier doigt de la main droite en avant de la détente, sans la toucher, les autres doigts entourant la poignée, et s'aidant du pouce pour tenir la carabine.

L'instructeur, après avoir pris et détaillé en même temps la position du tireur isolé à genou, se conformera, pour la faire prendre aux hommes, à ce que prescrivent les articles 2 et 3, pour la position du tireur debout.

Trois séances seront employées à faire exécuter aux jeunes soldats ce qui est prescrit dans cet article qui sera revu en une seule séance par les anciens.

Dans ces séances, on ne pointera plus sur chevalet; l'instructeur fera viser et appliquer les règles de tir en même temps qu'il enseignera la position. Dans la deuxième reprise de la troisième séance, il fera prendre alternativement aux jeunes soldats la position du tireur debout et celle du tireur à genou, en prescrivant de pointer sur le but qu'il désignera.

Des deux positions du tireur isolé, la position à genou est, sans contredit, la moins militaire, quoiqu'elle soit plus avantageuse pour la régularité du tir. La position à genou fait perdre beaucoup de temps au tirailleur, par la lenteur qu'il met à la prendre, et par la nécessité où il est de la quitter pour charger convenablement son arme. Aussi, cette position doit être considérée comme exceptionnelle; elle est bonne seulement dans quelques circonstances particulières de la guerre. C'est par ces motifs, que dans les exercices de tir on la fait prendre bien moins fréquemment que la position du tireur debout. Cette dernière est d'ailleurs bien plus difficile à conserver; elle demande beaucoup d'étude, et ce serait empêcher les hommes de s'habituer à cette vraie position du tireur, que de les faire tirer trop souvent à genou.

L'appui que le tireur donne à son arme, en plaçant le coude sur le genou dans la position à genou, n'est pas le seul moyen que l'on ait à la guerre pour augmenter la justesse du tir. Dans certains cas, une branche, un tronc d'arbre, la plongée d'un parapet, etc., peuvent fournir un

9.

appui préférable à celui que l'on trouve sur le genou.

En général, tout moyen qui assure l'immobilité de l'arme et du corps, facilite et régularise les opérations du tir. C'est ainsi que la position du tireur assis à terre, le coude gauche sur la jambe du même côté, à demi ployée, est plus avantageuse encore que la position du tireur à genou.

Il n'est pas nécessaire de dire que cette position du tireur assis n'a rien de militaire.

ARTICLE V.

CONSERVATION DE L'IMMOBILITÉ DE L'ARME ENTRE LES MAINS DU TIREUR, PENDANT QU'IL AGIT SUR LA DÉTENTE ; ET APRÈS QUE LE CHIEN A ÉTÉ ABATTU SUR LE TAMPON.

On maintient facilement la ligne de mire d'une arme dans une direction donnée, tant qu'il ne s'agit pas d'appuyer sur la détente pour faire partir le coup ; mais, lorsqu'on en vient là, il se présente une difficulté assez grande.

En appuyant sur la détente, on risque de déranger l'arme, de sorte que, bien dirigée avant qu'on ait touché la détente, elle peut ne plus l'être au moment où le coup part.

Il faut donc que le tireur ne cesse pas de maintenir la ligne de mire de son arme, sur le point qu'indiquent les règles, pendant tout le temps qu'il agit sur la détente, et tant que le coup n'est pas parti. Le coup doit le surprendre occupé à maintenir la ligne de mire sur le point indiqué par les règles de tir.

Le tireur parviendra à ce résultat s'il retient la respiration au moment où il commence à tou-

cher la détente jusqu'à ce que le coup soit parti
s'il n'agit point brusquement sur elle ; s'il sait
exercer par degrés une pression de plus en plus
forte sur ce levier ; s'il place le doigt de manière
à lui laisser toute sa force, et à lui communiquer
des mouvements très restreints, en le faisant agir,
non point par l'extrémité, mais par la deuxième
phalange, autant que la conformation de l'homme
le permettra.

Lorsqu'on devra exécuter, soit dans les chambres, soit sur le terrain, les exercices prescrits par
cet article, le tampon devra être sur la cheminée,
et l'on aura soin qu'il n'empêche pas de viser.

L'instructeur indiquera successivement à chaque soldat la manière d'agir sur la détente. Il
prendra devant eux une position commode, semblable à celle du deuxième mouvement du premier
temps de la charge.

Dans cette position, il tiendra l'arme à la poignée de la main droite, engagera le premier doigt
en avant de la détente jusqu'à la deuxième phalange, agira par degrés sur la détente, en regardant le tampon placé sur la cheminée. Il fera prendre cette même position et exécuter ces mêmes
mouvements par chaque soldat, et lui montrera la
manière d'agir sur la détente.

Après avoir fait répéter cet exercice plusieurs
fois par chaque homme, l'instructeur expliquera à
son détachement comment on doit opérer, lorsqu'on veut faire partir le coup sans déranger l'arme, après avoir visé et pris les positions prescrites
par l'instruction sur le tir, ou par l'école du soldat.

Il donnera cette explication de la manière suivante :

Agir par degrés sur la détente avec la deuxième
phalange du premier doigt de la main droite, en

fermant les articulations de ce doigt, sans remuer le bras, et en ayant soin de retenir la respiration, de telle sorte que le coup (1) surprenne le tireur occupé à maintenir la ligne de mire sur le point visé.

Rester en joue un instant après que le coup est parti, et s'assurer que la ligne de mire passe encore par le point premièrement visé (2).

L'instructeur prescrira au soldat de prendre l'une ou l'autre des deux positions du tireur, mais beaucoup plus fréquemment la position du tireur debout, et de faire partir le coup sans commandement, comme il vient d'être expliqué. Il indiquera la distance réelle ou supposée du but ; il exigera que les hommes se servent de la ligne de mire correspondante à la distance indiquée. Il aura soin de donner aux tireurs l'occasion d'employer un nombre de fois suffisant les principales lignes de mire de l'arme. Il désignera aux hommes le but sur lequel ils devront pointer.

L'instructeur, pour faire exécuter ces exercices, dira, par exemple :

Prenez la position du tireur debout ;
A 600 mètres pointez et tirez la carabine.

---

(1) Dans le tir simulé dont il est question, le coup est le choc du chien sur le tampon.

(2) Quand on tire réellement, on ne peut rester en joue, dès l'instant où la charge s'enflamme ; mais si, dans le tir réel, il se produit un long feu, le tireur habitué à rester en joue, comme il est prescrit dans cet article, ne dérangera pas l'arme avant que le coup soit parti, et le long feu n'empêchera pas le coup d'être bon.

Nota. On reconnaît un bon tireur à l'immobilité que conserve son arme, lorsqu'un raté a lieu dans le tir.

L'instructeur corrigera les positions, et reconnaîtra facilement, par les mouvements de leurs armes, les hommes qui n'auraient pas d'aplomb, et qui ne sauraient pas agir sur la détente.

Cet exercice très important occupera les jeunes soldats pendant quatre séances, les anciens pendant deux séances seulement.

On pourra, en outre, y former les soldats dans les chambres, à temps perdu.

ARTICLE VI.

TIR SIMULÉ AUX CAPSULES.

Cet article est une répétition du précédent, avec cette différence que l'on abat le chien sur une capsule, au lieu de l'abattre simplement sur le tampon, et qu'on ne montre plus aux soldats la manière d'agir sur la détente, comme il est prescrit au commencement de l'article 5.

Les soldats viseront, l'un après l'autre, sur la mèche d'une chandelle placée à une distance de la bouche du canon, mesurée par la longueur de la baguette de carabine. Ils auront soin de diriger d'abord la ligne de mire au-dessous de la mèche, d'élever lentement le guidon, de manière à faire partir le coup lorsque la ligne de mire sera dirigée sur le centre de la mèche enflammée.

Si les canons sont bien propres intérieurement, si les hommes sont affermis dans les positions, s'ils savent viser, s'ils conservent l'immobilité en visant et en faisant partir le coup, ils éteindront souvent la chandelle.

L'instructeur veillera à l'observation des principes. Il ne fera viser sur la mèche de la chandelle qu'avec la première ligne de mire.

Le tir simulé aux capsules sera exécuté en deux séances, par les jeunes soldats comme par les anciens.

On consommera dix capsules par homme à chaque séance, cinq à chaque reprise, quatre capsules dans la position debout, et la cinquième dans la position à genou.

L'exercice du tir aux capsules se fera dans les chambres.

ARTICLE VII.

TIR SIMULÉ AUX CARTOUCHES SANS BALLES.

Dans le tir aux cartouches sans balles, on se conformera aux principes prescrits précédemment.

L'instructeur formera son détachement sur le terrain, comme il a été ordonné, au commencement de la 1re leçon.

Les hommes feront feu successivement, sur la cible placée ou supposée placée à une distance réglementaire de tir. Ils appliqueront la règle de tir relative à la distance qui leur sera indiquée par l'instructeur.

Le tir aux cartouches sans balles sera exécuté en deux séances, par les jeunes soldats comme par les anciens.

A chaque séance, il sera brûlé dix cartouches par homme, cinq à chaque reprise.

A chaque reprise, on emploiera quatre cartouches dans la position debout, et la cinquième dans la position à genou.

Les soldats se rappelleront qu'en ne versant pas dans le canon toute la poudre de la cartouche sans balle, ils s'exposent, en bourrant, à dégrader sur la tige le fond de la fraisure de baguette.

DEUXIÈME LEÇON.

Tir à la cible aux diverses distances, formations des classes de tireurs.

Les distances réglementaires de tir sont celles de 150, 225, 250, 300, 325, 350, 400, 450, 500, 600, 700 et 800 mètres.

Elles seront mesurées et marquées sur le champ de tir par les soins du lieutenant-instructeur.

Les surfaces sur lesquelles seront recueillies les balles aux diverses distances devront être :

à	150 et 225 mètres 1	cible,
à	250 et 300	2 cibles contiguës,
à	325, 350 et 400	3 *Id.*
à	450 et 500	4 *Id.*
à	600	5 *Id.*
à	700	6 *Id.*
à	800	8 *Id.*

Le tir, à chaque distance, se fera en une seule séance.

Les anciens et les jeunes soldats tireront aux mêmes distances, et sur des buts de mêmes dimensions.

A chaque distance, les sous-officiers, les caporaux, les sapeurs et les clairons, les anciens et les jeunes soldats, tireront quatre balles par homme. La baïonnette sera toujours mise au bout du canon.

Trois classes de tireurs seront formées dans les compagnies, d'une part, de l'autre, parmi les jeunes soldats, lorsqu'on connaîtra les résultats des tirs exécutés aux distances de 150, 225, 250, 300, 325, 350 et 400 mètres.

La première classe, parmi les anciens comme parmi les jeunes soldats, se composera des hommes qui auront mis dans les cibles au moins seize balles sur vingt-huit tirées à ces sept distances, comme il est prescrit au commencement de cette leçon.

La deuxième classe des anciens et des jeunes soldats se composera de ceux qui auront mis dans le but, à ces mêmes distances, 12, 13, 14 ou 15 balles sur 28.

La troisième classe des anciens et des jeunes soldats sera formée de ceux qui auront mis dans le but, à ces mêmes distances, moins de 12 balles sur 28.

Il n'y aura de mutations dans les classes qu'à la fin des exercices du tir à la cible.

Lorsque les tirs aux douze distances réglementaires seront terminés, les classes seront formées une seconde et dernière fois d'après les bases suivantes.

La première classe des anciens et des jeunes soldats se composera de ceux qui auront mis dans le but 24 balles au moins sur 48 tirées aux douze distances réglementaires; la deuxième, de ceux qui auront mis dans le but, 18, 19, 20, 21, 22 ou 23 balles sur 48 ; la troisième, de ceux qui auront mis moins de 18 balles sur 48.

Les hommes qui auraient manqué à une ou plusieurs des séances de tir, seront placés dans les classes au rang que leur assignera le total de leurs balles ayant touché le but.

On fera en sorte que les soldats qui, par des motifs légitimes, auraient manqué à quelques-unes des séances du tir à la cible, aient l'occasion d'exécuter les tirs de ces séances.

Les classes de jeunes soldats seront distinctes de celles des anciens.

Les classes de sous-officiers seront distinctes de celles des caporaux, sapeurs, clairons et anciens soldats.

Les listes dressées par compagnie, pour toutes les classes, excepté celles des sous-officiers, seront affichées dans les chambres de la compagnie, où elles resteront tant que de nouvelles listes ne seront pas établies.

Les classes seront formées chaque année à la reprise des exercices de tir, d'après les bases posées ci-dessus.

La formation des classes a pour but de faire connaître aux officiers les bons tireurs de leur compagnie, et de stimuler l'amour-propre des hommes.

Les tireurs des différentes classes assisteront aux mêmes exercices de tir, afin que l'instruction du régiment, à un moment donné, soit aussi complète que possible, et pour ne point jeter de complication dans le service.

Toutefois, les soldats de la troisième et de la deuxième classe seront remis aux exercices préparatoires de tir, dans les intervalles des séances du tir à la cible, les premiers pendant un nombre de séances double de celles que le service permettra de consacrer à l'instruction des seconds.

Les détachements conduits au tir à la cible porteront toujours le sac.

Lorsque les tireurs seront arrivés sur le champ de tir, ils seront réunis par classe. La première classe sera placée sur un rang à dix pas en arrière de la position que devra occuper le tireur, le milieu du rang sur le plan de tir, le front de la troupe perpendiculaire à ce plan.

Les deux autres classes seront partagées en plusieurs détachements d'une même classe, dirigés par des sous-officiers et surveillés par un officier; ces détachements commenceront, sur un terrain voisin du champ de tir, les exercices de l'appréciation des distances, d'abord, et ensuite ceux de l'article 5 de la première leçon, de telle sorte que les détachements désignés ci-dessus aient été préparés au tir par les exercices de ce même article, quand sera venu leur tour de tirer.

Avant de commencer le tir, l'officier chargé de le diriger fera exécuter un roulement ou la sonnerie de : *Garde à vous*. A ce signal, chacun se placera à son poste ; les officiers et les sous-officiers instructeurs près du point que devra occuper le tireur, les sous-officiers observateurs, derrière l'épaulement placé à côté et en avant de la cible.

Pour commencer le tir, le chef de peloton fera exécuter la charge à volonté par les hommes de la première classe, formés sur un rang comme il a été dit. Quand les armes seront chargées, il commandera : *L'arme au bras* et *en place repos ;* il ordonnera alors de commencer le feu.

Au commandement : *Commencez le feu*, l'homme de la droite du rang se portera directement au point que doit occuper le tireur ; après avoir fait feu, il se retirera par la droite, et viendra se placer à 3 pas en arrière de sa première position. Lorsque le premier homme de droite sera sur le point de faire feu, le deuxième du même côté se portera directement à la place d'où l'on doit tirer, fera feu, se retirera par la droite, et viendra se placer à 3 pas en arrière de sa première position, et ainsi de suite pour chaque tireur. Si une arme rate entre les mains d'un tireur, celui-ci se retirera par la gauche, et viendra se placer à la gauche du premier rang. Un sous-officier enseignera à ce tireur les moyens de remettre l'arme en état de tirer, et tâchera de lui expliquer la cause du raté.

Lorsque l'homme de gauche aura fait feu, le chef de peloton portera le front de sa troupe à la position qu'il occupait d'abord, et commandera la charge à volonté.

Le tir aura lieu ensuite, comme il a été dit, et la charge se fera à volonté, au commandement du chef de peloton.

Pour les trois premières balles, les hommes feront feu dans la position du tireur debout ; pour la quatrième, ils prendront la position du tireur à genou.

Les détachements des autres classes exécuteront le tir à la cible de la même manière.

Dans tous les tirs effectués par des tireurs isolés, on se conformera aux mêmes prescriptions.

Avant la formation des classes, les pelotons, à leur arrivée sur le champ de tir, seront partagés en 3 sections égales, et l'on fera pour ces sections ce qui a été prescrit ci-dessus pour les classes.

Le commandant du peloton, les officiers présents, et le sous-officier instructeur de tir, devront éviter de se placer trop près du tireur, afin de ne point le gêner.

L'officier commandant le peloton dirigera le tir, et devra veiller à la conservation des positions prescrites. Il rappellera aux hommes la règle de tir. Il aura soin de ne point adresser d'observations au tireur, du moment où celui-ci sera sur le point de faire feu. Il se fera aider dans la surveillance du tir par les officiers et sous-officiers qu'ils commandera.

Le sergent instructeur de tir tiendra note du nombre de balles mises dans la cible par chaque homme. Les balles mises dans le cercle noir n'auront pas plus de valeur sur les livrets de tir que celles qui auront touché un autre point de la cible.

Un sous officier observateur, placé dans un trou creusé au pied de la butte, et couvert par un petit épaulement en terre damée, d'une épaisseur d'un mètre au minimum, indiquera, à l'aide d'un fanion, les balles qui toucheront la cible et le noir; il lèvera le fanion et le laissera immobile pendant un instant, lorsqu'il voudra signaler une balle ayant frappé la cible hors du cercle. Il indiquera que la balle a touché le cercle noir, en levant le fanion et en l'agitant.

Il faut une grande attention dans le service du sous-officier chargé de signaler les balles ayant touché la cible.

Toutes les fois qu'une balle touchera la cible, le tambour exécutera un roulement, ou le clairon donnera 3 coups de langue. Si la balle touche le cercle noir, le tambour donnera de plus trois coups de baguette, ou le clairon sonnera de plus un rigodon.

Après le tir de chaque classe, le lieutenant-instructeur de tir, aidé d'un sous-officier ou d'un caporal, comptera le nombre des coups marqués sur les cibles; les trous et les empreintes seront noircis ou entourés d'un trait fait au crayon.

Le sergent-instructeur de tir devra, d'après ce relevé, rectifier, le mieux possible, les notes prises dans le tir, en se souvenant des coups douteux qu'il aura dû marquer sur son calepin. Le lieutenant-instructeur tiendra note des résultats généraux.

TROISIÈME LEÇON.

Feux de tirailleurs.

Quand le régiment aura terminé tous les tirs à la cible, les feux de tirailleurs seront exécutés par les anciens et par les jeunes soldats. Chaque classe de tireurs formée d'après les résultats de tous les tirs à la cible, exécutera à part les feux de tirailleurs.

Ces exercices auront lieu en deux séances, dans chacune desquelles on brûlera dix cartouches par homme, huit dans la position du tireur debout, et deux seulement dans la position du tireur à genou.

La baïonnette sera toujours placée au bout du canon.

Les feux de la première séance seront ouverts en deçà de 350 mètres.

La ligne de tirailleurs fera feu en marchant, conformément aux principes de l'école des tirailleurs. Elle se portera en avant à partir d'une base jalonnée par les soins du lieutenant-instructeur, et lorsqu'elle aura brûlé la moitié de ses cartouches, c'est-à-dire cinq par homme, elle battra en retraite. Les cinq dernières cartouches qui resteront à chaque homme seront employées dans le mouvement rétrograde.

Les buts sur lesquels les soldats feront feu seront des cibles réglementaires isolées, placées sur une ligne parallèle à celle des tirailleurs, à 5 mètres d'intervalle, d'axe en axe. On placera autant de cibles que le champ de tir et la composition du matériel le permettront.

La distance de la ligne des cibles à la base du mouvement en avant des tirailleurs sera comprise entre 225 et 350 mètres. Cette distance sera fixée

10.

par le lieutenant-colonel , et mesurée par les soins du lieutenant-instructeur.

La ligne des cibles sera placée, lorsque le terrain le permettra, et lorsqu'il n'y aura pas d'accidents à redouter, à quelques mètres en avant ou en arrière de l'emplacement ordinaire du but.

Les distances de tir inconnues des commandants de compagnie, des officiers, sous-officiers, caporaux et soldats sous leurs ordres, seront appréciées par les compagnies elles-mêmes, qui agiront comme en présence de l'ennemi.

La distance de la ligne des cibles à la base du mouvement en avant, et les résultats de tir recueillis par le lieutenant et par les sergents-instructeurs, seront consignés sur les livrets.

Les feux de la seconde séance seront exécutés comme ceux de la première. Les buts sur lesquels les soldats feront feu se composeront de deux cibles contiguës, et seront placés à 5 mètres de distance d'axe en axe. La distance de la ligne des cibles à la base du mouvement en avant sera aussi changée ; elle sera comprise entre 450 et 600 mèt.

Dans les deux séances consacrées aux feux de tirailleurs, lorsque le mouvement de retraite devra s'effectuer, la ligne la plus avancée fera son premier feu en retraite sur place, et se retirera immédiatement pour se porter en arrière de la seconde ligne.

Les feux de tirailleurs seront exécutés par les jeunes soldats de la même manière que par les anciens. Les jeunes soldats seront cependant guidés par le capitaine, les lieutenants et les sergents-instructeurs qui connaîtront les distances, tandis que les officiers et sous-officiers chargés de diriger les anciens soldats, ne pourront qu'estimer l'éloignement des cibles.

QUATRIÈME LEÇON.
Feux de deux rangs et de peloton.

*Récapitulation des séances de deux heures et des muni-
tions employées pour l'instruction annuelle des anciens
et des jeunes soldats.*

Les exercices de tir seront terminés par des feux
de deux rangs et de peloton. Ces feux seront exécutés par les anciens soldats d'une part, de l'autre
par les jeunes soldats.

Toutes les classes de tireurs seront mêlées dans
les pelotons formés par rang de taille pour ces exercices.

On exécutera dans chaque compagnie, et dans
la classe des jeunes soldats, à chacune des distances de 300 et 400 mètres :

Un feu de 2 rangs de 6 cartouches par homme ;
Quatre feux de peloton.

Le but dans tous ces feux, à toutes les distances,
sera formé de 8 cibles contiguës et présentant par
leur réunion un front de 2 mètres de hauteur sur
4 mètres de base. Un cercle noir de 0^m15 de
rayon sera marqué sur le but ; il aura son centre à 6^m89 du pied des cibles, sur la verticale
partageant la surface du but en deux parties égales.

Les feux de deux rangs et de peloton seront exécutés en deux séances : dans la première,
ces feux seront ouverts à 300 mètres, et dans la seconde, à 400 mètres. A chaque séance on commencera par le feu de deux rangs, et l'on terminera
par les feux de peloton.

Dans tous les feux de deux rangs et de peloton,
la baïonnette devra être placée au bout du canon.

A chaque séance, toutes les fois qu'on fera cesser le feu, les résultats devront être constatés : on

tiendra note du nombre de tireurs, de balles tirées, de balles mises dans le but, et des diverses circonstances du tir. Les sergents-instructeurs seront chargés de prendre ces notes, et de compter les trous et les empreintes des balles. Ils seront surveillés par le lieutenant-instructeur de tir, et par les officiers des compagnies. On aura soin de marquer, après chaque feu, avec de la couleur noire, les trous ou empreintes de balles, afin de distinguer les résultats d'un feu, des effets que l'on obtiendra dans les feux subséquents.

Les feux de deux rangs et de peloton seront dirigés par le commandant de la compagnie, qui pourra confier aux officiers sous ses ordres, pour leur instruction, le commandement d'une partie de ces feux.

Comme les positions des tireurs dans les feux de deux rangs et de peloton sont différentes de celles qu'ils auront dû prendre dans tous les exercices de tir précédents, il sera nécessaire, avant de faire exécuter les feux de peloton ou de deux rangs, à balles, d'habituer les soldats aux positions qu'ils garderont dans ces feux, par des tirs simulés du genre de ceux qui sont indiqués dans la première leçon de la pratique du tir.

Chaque peloton sera exercé pendant deux séances aux feux simulés de deux rangs et de peloton. On simulera d'abord ces feux, en faisant abattre simplement le chien sur le tampon. On veillera à ce que les hommes prennent bien les positions prescrites par l'école du soldat. On les habituera à préparer la hausse dans les rangs, à mettre en pratique, autant qu'il est possible, dans les feux d'ensemble, les principes antérieurement appliqués aux feux individuels.

Les feux de deux rangs et de peloton, simulés

comme il vient d'être dit, occuperont les anciens et les jeunes soldats pendant une séance.

Pendant la première reprise d'une seconde séance, on simulera les feux en faisant partir des capsules, au nombre de 10 par homme; 6 capsules seront employées dans le feu de deux rangs, et 4 dans le feu de peloton.

Pendant la deuxième reprise de la seconde séance, on simulera les feux en employant des cartouches sans balles, au nombre de 10 par homme. 6 cartouches sans balles seront brûlées dans le feu de deux rangs et 4 dans le feu de peloton.

On pourra alors exécuter les feux à balles, en ayant soin de faire précéder l'exécution de chaque feu réel, par un feu simulé dans lequel le chien sera abattu sur le tampon.

Dans tous les feux simulés ou réels de peloton et de deux rangs, les sous-officiers, caporaux et soldats devront avoir le sac.

La bonne exécution des feux de peloton dépend en grande partie du commandement de l'officier. Si celui qui commande les feux ne laisse pas entre le commandement *joue*, et le commandement *feu*, un intervalle suffisant, les hommes n'ont point le temps de viser. Pour obéir à temps au commandement, ils agissent sur la détente par un mouvement brusque du doigt. Il résulte de là que le feu perd beaucoup de son efficacité, et qu'on n'obtient pas cette simultanéité des coups à laquelle on a bien raison de tenir, puisque l'expérience et le raisonnement montrent, qu'en général, toutes choses égales d'ailleurs, un feu de peloton a d'autant plus d'efficacité qu'il a été exécuté avec plus d'ensemble.

Lorsque l'officier laisse entre les deux commandements un intervalle convenable, les hommes ont le temps de bien épauler et de bien ajuster, d'engager le doigt en avant de la détente, et d'attendre le commandement, en exerçant d'avance une faible pression sur la touche de la détente. Ils sont donc prêts à faire partir le coup, lorsqu'ils entendent le commandement *feu*, et l'on obtient à la fois, par la régularité du commandement, la simultanéité des coups et l'efficacité du tir.

Si l'officier commandant un feu de peloton doit être attentif à laisser un intervalle suffisant entre les commandements *joue* et *feu*, il ne doit pas moins éviter de tarder trop longtemps à commander *feu*. Lorsqu'on laisse les hommes trop longtemps en joue, ils se fatiguent, cessent de viser, et ne sont plus prêts à obéir au commandement, en suivant les règles du tir.

Ce n'est qu'en commandant, et en voyant exécuter les feux réels de peloton, en en mesurant les effets par le nombre de balles recueillies dans les cibles, que les officiers pourront apprécier l'influence d'un commandement fait à propos, et acquerront l'habitude de ce commandement.

Déjà, par les exercices ordinaires et par les tirs simulés dont il est question dans cette leçon, les officiers se seront habitués à commander les feux; mais leur instruction gagnera beaucoup par le commandement de feux réels, par la différence qu'ils pourront constater entre les effets du feu de peloton, suivant que ce feu est bien ou mal commandé.

Il est nécessaire que dans les feux de peloton, le chef de peloton indique aux soldats la distance qui les sépare de l'ennemi. Il ne doit point abandonner l'appréciation de la distance, et la détermination de la règle de tir qui en résulte, au libre arbitre de chaque homme. Placés dans les rangs où ils sont gênés les uns par les autres, occupés d'ailleurs du chargement de leurs armes, les soldats ne sauraient évaluer la distance de l'ennemi. Il appartient aux officiers, chefs de peloton, d'estimer cette distance, et de la faire connaître aux soldats. En indiquant la distance, on aura prescrit la règle de tir, puisque, sur la hausse de carabine, les différentes lignes de mire sont distinguées les unes des autres par des chiffres qui expriment la distance pour laquelle chacune de ces lignes doit être employée.

Le moment le plus convenable pour indiquer la distance de tir aux soldats, est celui qui précède le commandement *joue* : à ce moment, les hommes étant à la position *d'apprêtez vos armes*, peuvent facilement disposer la hausse suivant la distance.

D'après ces considérations, pour diriger un feu de peloton sur une troupe placée, par exemple, à 400 mètres de distance, un officier devrait commander de la manière suivante :

Feu de peloton. — Peloton. — Armes. — A 400 mètres. — Joue. — Feu. — Chargez.

Lorsqu'on exécutera les feux de peloton sur les cibles, les commandements seront faits comme il vient d'être dit.

Dans les feux de deux rangs, le chef de peloton prescrira la règle de tir, avant le commandement : *Commencez le feu*, et après le commandement : *Armes*.

Lorsque le feu de deux rangs sera exécuté devant l'ennemi, la règle de tir devra être modifiée par le chef de peloton, pendant la durée du feu, suivant la distance variable de l'ennemi.

Quand les compagnies seront détachées, et que le nombre des hommes de recrue ne sera pas assez considérable pour permettre de former un peloton de seize files, les jeunes soldats rentreront dans les compagnies pour y exécuter les feux de deux rangs, par rang, et de peloton.

RÉCAPITULATION *des séances de deux heures et des munitions employées pour l'instruction des anciens et des jeunes soldats.*

	JEUNE SOLDAT.				ANCIEN SOLDAT.							
					Sous-Officier, Sapeur et Clairon.				Caporal et Soldat.			
	séances.	capsules.	cartouches sans balles.	cartouches à balles.	séances.	capsules.	cartouches sans balles.	cartouches à balles.	séances.	capsules.	cartouches sans balles.	cartouches à balles.
PRATIQUE DU TIR.												
1re Leçon.												
EXERCICES PRÉPARATOIRES.												
Art. 1er. Pointage	6	»	»	»	2	»	»	»	2	»	»	»
Art. 2. Position du tireur isolé debout	2	»	»	»	4	»	»	»	1	»	»	»
Art. 3. Position du tireur isolé debout et pointage	2	»	»	»	4	»	»	»	1	»	»	»
Art. 4. Position du tireur à genou et pointage	3	»	»	»	4	»	»	»	1	»	»	»
Art. 5. Conservation de l'immobilité de l'arme entre les mains du tireur	4	»	»	»	2	»	»	»	2	»	»	»
Art. 6. Tir simulé aux capsules	2	20	»	»	2	20	»	»	2	20	»	»
Art. 7. Tir simulé aux cartouches sans balles	2	»	20	»	2	»	20	»	2	»	20	»
2e Leçon. — TIR A LA CIBLE.												
Aux 12 distances réglementaires	12	»	»	48	12	»	»	48	12	»	»	48
3e Leçon.												
Feux de tirailleurs	2	»	»	20	2	»	»	»	2	»	»	20
4e Leçon.												
Feux de deux rangs et de peloton, simulés par l'abattage du chien sur le tampon	4	»	»	»	1	»	»	»	4	»	»	»
Feux de deux rangs et de peloton, simulés avec des capsules et avec des cartouches sans balles	4	10	10	»	1	»	»	»	4	10	10	»
Feux réels de deux rangs. }	2	»	»	12	2	»	»	»	2	»	»	12
Feux réels de peloton... }				8								8
APPRÉCIATION DES DISTANCES. Au minimum	12	»	»	»	12	»	»	»	12	»	»	»
TOTAUX	51	30	30	88	44	20	20	48	44	30	30	88

11

TITRE V.

Notions complémentaires.

CHAPITRE PREMIER.

Des causes par lesquelles on peut manquer le but dans le tir de la carabine d'infanterie.

On peut, avec la carabine d'infanterie, et en général avec toutes les armes à feu, manquer le but par des causes très différentes :

1° Parce que l'on ignore ou que l'on omet d'appliquer les principes du tir de l'arme que l'on a entre les mains, et les moyens suivant lesquels cette arme doit être chargée, maintenue, dirigée et tirée ;

2° Parce que la balle peut éprouver et éprouve généralement des déviations à sa sortie du canon, et pendant son trajet dans l'air.

Les premières causes peuvent être considérablement atténuées par les soins que l'on doit donner à l'instruction théorique et pratique des tireurs.

Les secondes tiennent à la nature de l'arme, et aux influences extérieures qui agissent sur la balle. Le tireur le plus habile ne peut modifier en rien les effets de quelques-unes de ces causes.

Les moyens suivant lesquels l'arme doit être

chargée, maintenue, dirigée et tirée, ont été expliqués dans cette instruction. Les principes généraux du tir qu'elle renferme, doivent être appliqués avec discernement. Les armes ne sont pas toujours d'une construction régulière et parfaite, comme on le suppose en théorie. Quelquefois, par exemple, les lignes de mire de la carabine ne sont pas exactement dans un même plan avec l'axe du canon. Il arrive alors que l'on ne peut placer le but dans le plan de tir, en le visant directement. Il faut, dans ce cas, viser à droite ou à gauche du but, suivant que la ligne de mire passe à droite ou à gauche du plan de tir en avant du canon. Le point qu'il faut viser à droite ou à gauche du but en est éloigné d'une quantité qui augmente avec la distance, et qui dépend de l'irrégularité que présente le canon. Cette irrégularité sera d'ailleurs très rare et très peu notable dans les carabines d'infanterie, dont les hausses sont brasées en manufacture avec un soin particulier.

Non-seulement la ligne de mire n'est pas toujours dans un même plan avec l'axe du canon, mais elle peut encore faire avec cet axe un angle de mire ne correspondant pas exactement à la distance qu'indique la graduation de la hausse. Ce défaut sera très fréquent, et il est impossible de l'éviter. S'il ne tenait qu'à la construction inexacte de la hausse, du guidon, et de l'extérieur du canon, il serait sans importance; car, en établissant ces parties de l'arme, on ne se trompe pas de quantités qui aient une influence notable sur la pratique du tir. Il tient d'abord aux différences qui peuvent exister entre les calibres des diverses armes d'un même modèle, différences qui s'élèvent quelquefois à plusieurs dixièmes de millimètre, et qui suffiraient pour exiger mathématiquement une graduation particulière de la hausse de chaque carabine. Ce défaut, qui est dû à l'impossibilité où l'on est d'établir des armes exactement conformes à un type déterminé, se révèlerait quand même les cartouches employées seraient parfaitement identiques à celles qui ont été tirées à l'origine dans les canons types du système. Comme il n'est pas possible d'arriver, dans une grande fabrication, à cette identité parfaite de munitions, comme d'ailleurs les circonstances atmosphériques variables introduisent, d'un jour à l'autre, des changements dans les portées, les angles de mire seront presque toujours à modifier et à régler d'après les premiers résultats de tir. La hausse à curseur se prête parfaitement à toutes les corrections qu'il est souvent nécessaire d'apporter aux angles de mire. Les modifications que devront subir ces angles seront d'autant plus notables, que les distances de tir auxquelles ils correspondent, seront elles-mêmes plus grandes.

Chaque soldat tirant constamment avec la même arme, connaîtra bien vite les positions qu'il doit donner au curseur, pour régler le tir de son arme dans les circonstances ordinaires.

Le tireur doit, comme on l'a prescrit dans les leçons de la pratique du tir, tenir son arme de telle sorte que la ligne de mire soit placée dans le plan du tir. S'il penchait sa carabine à droite ou à gauche, la ligne de mire sortirait du plan de tir. L'arme étant penchée à droite, le coup porterait à droite du point visé, et la portée serait diminuée. La balle passerait à gauche du point visé, et la portée serait encore diminuée, si l'arme était penchée à gauche. Ces effets sont d'autant plus marqués que l'arme est plus penchée et que la distance du but est plus grande. Ils augmentent en outre par cela seulement que le cran de mire s'élève ; de sorte qu'aux grandes distances il est bien plus nécessaire qu'aux petites de maintenir la ligne de mire dans le plan de tir.

On remarque dans le tir des carabines d'infanterie un fait indépendant de la position de la ligne de mire par rapport au plan de tir, et que l'on pourrait attribuer à une irrégularité de position de cette ligne, s'il ne se produisait pas dans le tir des armes construites avec le plus d'exactitude. Voici ce fait.

La plus grande partie des balles tirées dans les meilleures conditions, par des hommes suffisamment exercés, épaulant à droite, portent à droite du point visé, l'atmosphère étant d'ailleurs parfaitement calme. Il ne faut pas confondre cet écart des balles sur la droite du plan de tir, avec la *dérivation* (1), qui peut être considérée comme à peu près nulle dans la carabine d'infanterie. Quelle que soit la cause de l'écart dont il s'agit, qu'il soit produit par le recul de l'arme, ou par un mouvement involontaire du bras droit du tireur lorsqu'il presse sur la détente, et pendant que le chien s'abat sur la capsule, les officiers chargés de diriger le tir en tiendront compte après l'avoir observé sur chaque tireur en particulier ; car cet écart varie suivant la position et l'habileté des tireurs ; chez quelques-uns on ne le remarque pas, et ceux qui épaulent à gauche ont souvent un écart à gauche.

---

(1) La *dérivation* est une déviation latérale de la balle oblongue animée d'un mouvement de rotation trop rapide. La *dérivation* a lieu sur la droite ou sur la gauche du plan de tir, suivant que le canon est rayé de gauche à droite, ou de droite à gauche. Les canons des carabines d'infanterie sont rayés de gauche à droite.

11.

Toutes les précautions minutieuses recommandées ci-dessus seraient généralement inutiles, s'il s'agissait d'une arme ordinaire dont les déviations dépasseraient de beaucoup les erreurs de tir que ces précautions permettent d'éviter. Mais comme la carabine d'infanterie se distingue par une portée et par une justesse dont aucune arme portative ancienne n'a jamais approché, on ne saurait trop s'efforcer d'étudier et de mettre en pratique toutes les conditions qu'il faut remplir pour qu'une arme aussi puissante ne perde rien de ses effets.

Quelque grande que soit la justesse de la carabine d'infanterie, elle a cependant une limite qui diffère pour chaque distance de tir, et, nécessairement, elle décroît à mesure que la distance augmente. Le tableau suivant donne les écarts moyens horizontaux et verticaux de la carabine d'infanterie, chargée avec toute la régularité possible et pointée à l'aide d'un affût, suivant des directions invariables.

DISTANCES DE TIR.	ÉCARTS HORIZON- TAUX MOYENS.	ÉCARTS VER- TICAUX MOYENS.
	m	m
150m	0,15	0,16
250	0,24	0,25
350	0,33	0,35
400	0,38	0,44
500	0,43	0,53
600	0,62	0,67
700	0,77	0,90
800	0,95	1,20

Parmi les influences extérieures qui ont une

action sur le tir des armes, l'agitation de l'atmosphère est une de celles dont on doit le plus souvent se préoccuper. Si le vent souffle de droite, par exemple, la balle est jetée à gauche. Elle sera jetée à droite si le vent souffle de gauche, soulevée si le vent souffle d'arrière, abaissée s'il souffle de face, soulevée et jetée à gauche en même temps, si le vent vient d'arrière et de droite.

La déviation produite par le vent sera d'autant plus grande que la distance de tir sera plus considérable ; elle croîtra même beaucoup plus rapidement que les distances. L'expérience seule peut indiquer aux tireurs l'éloignement du point qu'il faut viser à droite du but pour neutraliser l'action d'un vent soufflant de droite, et les modifications que l'on doit faire subir aux règles de tir, lorsqu'on veut remédier aux effets d'un vent soufflant debout, etc. L'intensité et la direction des vents sont choses trop variables pour que l'on puisse indiquer des règles précises, dans le but de corriger l'action du vent sur le tir. Voici cependant des résultats d'expériences qui permettent d'apprécier l'influence du vent sur le tir de la carabine d'infanterie.

Sous l'action d'un vent fort soufflant de droite ou de gauche perpendiculairement au plan de tir, les balles de la carabine d'infanterie sont jetées à gauche ou à droite de ce plan.

De $0^m,12$ à 200 mètres.
  0 ,33 à 300
  0 ,54 à 400
  0 ,89 à 500
  1 ,46 à 600
  2 ,29 à 700
  3 ,50 à 800

Ce n'est pas seulement en agissant sur la balle pendant son trajet, que le vent contrarie le tir; c'est encore en empêchant le tireur de maintenir son arme immobile.

La température et l'humidité de l'atmosphère ont aussi une action sur le tir, mais il est à peu près impossible d'estimer cette action autrement que par des coups d'essai d'après lesquels on peut régler les hausses. On observe généralement par les temps secs des portées plus grandes que par des temps humides. Il n'est pas nécessaire de dire que toutes les variations atmosphériques se font incomparablement plus sentir aux grandes distances qu'aux petites.

Lorsqu'on tire sur un but qui se meut, on doit tenir compte du mouvement de ce but, et ne pas diriger la ligne de mire sur le point où il se trouve au moment du tir, mais sur celui où l'on juge qu'il sera placé, quand la balle aura franchi la distance.

Ainsi, par exemple, si l'on tire sur un cavalier lancé au galop de son cheval, dans une direction perpendiculaire au plan de tir, il faudra que la ligne de mire se meuve dans le sens où le cavalier se meut lui-même, et soit dirigée en avant du cavalier, d'autant plus en avant, qu'il est plus éloigné.

Lorsqu'on ouvrira le feu sur l'ennemi, après avoir apprécié sa distance et réglé le tir d'après cette appréciation, il faudra tâcher de voir où portent les premiers coups. Si l'on peut estimer approximativement la distance à laquelle les balles ont touché le sol en deçà ou au delà de l'ennemi, il sera facile de régler convenablement le tir des coups qui suivront. Si, par exemple, on reconnaît que les premières balles ont touché le sol à 100 mètres en avant de l'ennemi, il faudra viser avec la ligne de mire qui correspond à une distance de 100 mètres plus grande que celle pour laquelle le tir avait été réglé d'abord, et ne pas perdre le temps à hausser par degrés insensibles le cran de mire du curseur, ou à modifier d'une manière insignifiante les règles relatives aux premières lignes de mire. Afin de pouvoir reconnaître où portent les premières balles, il sera avantageux de chercher, en ouvrant le feu, à porter plutôt en deçà qu'au delà de l'ennemi; car on apercevra beaucoup mieux en général les effets du ricochet des balles sur le sol, lorsque ces ricochets auront lieu en avant de l'ennemi, que quand ils se produiront au delà; de plus, en cherchant d'abord à rendre les coups plutôt courts que longs, on aura la chance d'atteindre l'ennemi par ricochets.

CHAPITRE DEUXIÈME.

Des prix de tir dans les régiments d'infanterie.

Les prix de tir seront distribués dans les régiments d'infanterie, à la suite des exercices annuels de tir, et autant que possible en présence des inspecteurs généraux. Ces prix seront au nombre de 12 par régiment.

Deux prix seront accordés aux sous-officiers.

Neuf aux caporaux, sapeurs, clairons, aux anciens et aux jeunes soldats.

L'un des prix réservés aux sous-officiers sera décerné d'après les résultats des tirs à la cible de l'année, l'autre sera donné au concours.

Trois des prix accordés aux caporaux, sapeurs, clairons, aux anciens et aux jeunes soldats, seront distribués d'après les résultats des tirs à la cible de l'année, les six autres seront donnés au concours.

Le premier prix de tir du régiment sera décerné d'après les résultats du tir à la cible de l'année ; il sera obtenu par le tireur de première classe qui aura mis la plus grande somme de balles dans les cibles, soit que ce tireur appartienne à la classe des sous-officiers, soit qu'il se trouve parmi les caporaux, sapeurs, clairons, anciens ou jeunes soldats.

Chaque prix consistera en une épinglette à grenade et à chaîne d'argent. Le premier prix de tir sera distingué des huit autres par une grenade dorée. Les grenades porteront une étoile en relief.

Le même bataillon et la même compagnie pourront, le cas échéant, recevoir la plus grande partie ou même la totalité des prix.

Les tireurs qui auront obtenu les cinq prix qui se donnent d'après les résultats des tirs à la cible, seront admis au concours et pourront y gagner cinq autres prix.

Si plusieurs tireurs ayant mis la même quantité de balles dans le but pendant l'année, avaient droit à l'un des prix qui se donnent d'après les résultats des tirs à la cible, ou à un nombre de prix qui ne permettrait pas le partage, les deux concours auxquels ces tireurs prennent part, trancheraient entre eux la question.

Il y aura un concours pour les sous-officiers, et un autre pour les caporaux, clairons, sapeurs, anciens et jeunes soldats.

Ne seront admis au concours des sous-officiers que les vingt premiers tireurs de la première classe formée d'après les résultats de tous les tirs à la cible.

Ne seront admis au concours des caporaux, clairons, sapeurs, anciens et jeunes soldats, que les cinquante premiers tireurs de la première classe formée d'après les résultats de tous les tirs à la cible.

Toutefois, un plus grand nombre de sous-officiers, de caporaux et de soldats, serait admis au concours, si plusieurs tireurs des premières classes, ayant mis le même nombre de balles, étaient classés au même rang, dans l'une ou l'autre des deux catégories, et si, pour compléter le nombre des concurrents, on était obligé de prendre quelques-uns de ces tireurs ; dans ce cas, il serait de toute justice d'admettre au concours tous les tireurs dont il vient d'être question.

Si le nombre des tireurs de première classe, dans l'une ou l'autre catégorie, est moindre que celui des prix, le nombre des prix de chaque catégorie sera réduit à celui de ses tireurs de première classe.

S'il n'y a pas de tireur de première classe, ni dans la catégorie des sous-officiers, ni dans celle des caporaux et soldats, il n'y aura pas de prix de tir dans le régiment.

Le lieutenant-colonel présidera au concours, et en fera observer rigoureusement les règles. Le capitaine-instructeur, aidé d'un lieutenant et d'un sergent-instructeur de tir, sera chargé de constater et d'inscrire les résultats de tir, de vérifier la mesure de la distance, de faire distribuer les cartouches aux tireurs.

Le concours entre les sous-officiers, et celui qui aura lieu entre les caporaux et soldats, seront réglés d'après le programme suivant :

Art. 1er.

Le sort décidera de l'ordre suivant lequel les concurrents tireront.

Art. 2.

Le but sera le centre d'un panneau circulaire ayant 1 mètre de rayon, et placé à 250 mètres de distance du tireur; le milieu du panneau sera marqué par le centre d'un cercle noir du diamètre de 20 centimètres.

Art. 3.

Chaque concurrent tirera de suite six balles.

Art. 4.

Lorsqu'un concurrent aura tiré ses six balles, on mesurera les écarts de celles qui auront touché le panneau. Le lieutenant-instructeur de tir veillera à ce que l'on prenne très exactement cette mesure, en tiendra note, et additionnera les écarts exprimés en millimètres. Lorsque les écarts des balles d'un tireur seront mesurés, on couvrira les trous du panneau avec de petits morceaux de papier enduits de colle.

On considérera comme ayant manqué le panneau, les balles qui le toucheraient par ricochet.

Art. 5.

Le sous-officier qui aura, sur six balles ayant touché le but, la plus petite somme d'écarts, obtiendra le prix réservé aux sous-officiers du bataillon.

Art. 6.

Les six concurrents de la classe des caporaux et soldats qui auront, sur six balles ayant touché le but, les plus petites sommes d'écarts, obtiendront les prix destinés à leur classe.

Art. 7.

Les tireurs ayant manqué une fois le panneau, n'auront des droits aux prix que dans le cas où ceux qui l'auraient touché six fois, seraient moins nombreux que les prix. Il en serait de même des tireurs ayant manqué deux fois, par rapport à ceux qui n'auraient manqué qu'un seul coup. Dans chacune de ces divisions de tireurs, les plus petites sommes d'écarts emporteront les prix.

Art. 8.

Si plusieurs concurrents ayant obtenu les mêmes sommes d'écarts, avaient droit à l'un des prix ou à un nombre de prix qui ne permettrait pas le partage, ils tireraient chacun une septième balle; si les septièmes balles donnaient encore des écarts égaux, on ferait tirer par chacun des concurrents une huitième balle, et ainsi de suite, jusqu'à ce que l'on pût trancher la question par la différence des écarts.

Art. 9.

Les concurrents ne pourront prendre, dans le tir, d'autre position que celle du tireur isolé debout; ils ne garderont pas le sac.

Chaque tireur devra charger lui-même son arme.

Art. 10.

Le tir aura lieu, autant que possible, dans la même séance, pour tous les concurrents du régiment. On commencera par le concours des sousofficiers.

Si, pendant l'une des séances, le temps éprouvait des variations telles que les tireurs appelés à faire feu les derniers, eussent un désavantage marqué sur les premiers tireurs, la séance serait suspendue par le président, et reprise en temps opportun, d'après les ordres du colonel.

ART. 11.

Les bataillons et les compagnies détachés recevront du colonel l'ordre de faire partir, pour être présents aux concours, ceux de leurs sous-officiers, caporaux ou soldats qui auraient droit d'y prendre part.

———

Le pied du panneau circulaire sur lequel seront mesurés les écarts des balles, devra être élevé de 1 mètre au moins, au-dessus du terrain horizontal, afin que l'on puisse constater facilement les ricochets. Dans un polygone, on placera ce panneau à 1 mètre au-dessus du pied du talus de la butte. Dans les localités où l'on n'aura point de polygone, on placera le pied du panneau sur un petit tertre de 1 mètre de hauteur.

La mesure des écarts se fera au moyen d'une règle graduée en millimètres sur une longueur de 1 mètre. Pour se servir de cette règle et mesurer exactement et rapidement les écarts, on plantera, au centre du panneau, une pointe en saillie du côté du tireur. La règle sera percée d'un trou circulaire du diamètre de la pointe; le centre du trou correspondra au zéro de la graduation de la règle; on fera tourner celle-ci autour de la pointe, et l'on prendra facilement, à 1 millimètre près, la longueur de chaque écart, mesurée par la plus petite distance du centre du panneau à la circonférence de chaque trou de balle.

CHAPITRE TROISIÈME.

Du matériel d'instruction. — Munitions, cibles, cordeaux, etc.

DES CARTOUCHES DE CARABINE.

Éléments de la cartouche à double enveloppe et à balle oblongue de carabine.

1° La balle oblongue, du poids de 47^g. 5, du calibre de 0^{m}0172.

On distingue dans la balle, la partie antérieure ogivale, la pointe arrondie, la base plane qui s'appuie sur la tranche plane de la tige dans le forcement; les trois cannelures dont les arêtes vives jouent un rôle important dans le tir, par les résistances directrices qu'elles déterminent. Une balle doit être regardée comme défectueuse lorsque ses cannelures et leurs arêtes vives ne sont pas nettement dessinées;

2° La charge de poudre du poids de 4 grammes 50 centigrammes;

3° Un petit rectangle de carton de la consistance d'une carte à jouer (base 0^m,042, hauteur 0^m,042),

4° Un petit trapèze de papier (grande base 0^m,170, petite base 0^m,145, hauteur 0^m,063);

5° Un trapèze enveloppe (grande base 0^m,150, petite base 0^m,080, hauteur 0^m,155);

6° De la graisse composée de quatre parties de suif et d'une de cire.

ÉLÉMENTS DU PAQUET DE CARTOUCHES.

1° Six cartouches;

2° L'enveloppe rectangulaire en papier bleu, épais et fort (base 0ᵐ,34, hauteur 0ᵐ,14);

3° Un petit sachet de 8 capsules, placé sous l'un des plis de l'enveloppe;

4° Un bout de ficelle de 0ᵐ,50 de longueur.

COULAGE DES BALLES.

Pour couler les balles, on se sert de moules en bronze, à deux rangées de cinq coquilles chacune. Dans chaque coquille, on distingue le creux de la balle, et le jet qui aboutit à la rigole dans laquelle on verse le plomb. Les moules sont à charnière; ils s'ouvrent et se ferment au moyen de deux poignées garnies en bois. Ils sont tenus fermés par un crochet en fer.

Le plomb est fondu dans une chaudière en fonte ou au besoin dans une marmite. Dès que le plomb entre en fusion, on le recouvre d'une couche de charbon pilé, épaisse de 0ᵐ.02, afin d'empêcher l'oxidation de la surface du bain. On chauffe jusqu'à ce qu'un morceau de papier, en contact avec le plomb, se charbonne et prenne feu.

Pour verser le liquide dans les moules, on emploie un cuiller en fer, remplie aux trois quarts de plomb recouvert de charbon. On verse le plomb en écartant le charbon avec un morceau de bois. L'une des rangées de coquilles étant remplie, on la laisse refroidir un instant, et l'on retourne le moule pour remplir l'autre rangée.

Il faut toujours rejeter les premières coulées dans la chaudière, parce que le moule ne donne des balles régulières qu'après avoir été suffisamment échauffé. Tant que les balles ne sont pas dépouillées de gerçures, et que les arêtes vives des cannelures ne sont pas bien marquées, il faut continuer à rejeter les coulées, à échauffer le moule; si l'on ne parvient pas, après cinq ou six coulées, à obtenir des balles parfaitement régulières, il y a lieu de penser que la température du bain de plomb n'est pas assez élevée, que l'on doit par conséquent activer le feu sous la chaudière. On ferme le moule en serrant le crochet et en frappant dessus avec un maillet; on l'ouvre en frappant sur le crochet pour le desserrer. On doit s'assurer pendant le coulage que des bavures de plomb, près des coquilles, n'empêchent pas la fermeture exacte du moule. On enlève ces bavures avec une curette de bois, et jamais avec une lame de fer ou d'acier.

Pour dégager les rangées de balles du moule, après l'avoir ouvert, on emploie une tenaille avec laquelle on pince le plomb de la rigole. En retirant les balles, il faut avoir soin de ne point les déformer; ce à quoi l'on ne parvient qu'en faisant effort dans la direction de la perpendiculaire aux faces internes du moule. Lorsque les rangées de balles sont dégagées, on les place avec précaution dans un panier.

Les jets sont ensuite coupés au moyen d'une cisaille dont les mâchoires sont planes. Comme la base de la balle est plane, il est très facile de bien couper le jet, en joignant le tranchant des mâchoires à la base du projectile. On doit prendre garde en coupant les jets de ne point laisser tomber les balles de trop haut dans les caisses qui les reçoivent.

Les balles sont de calibre lorsqu'elles passent dans une lunette du diamètre de 17^{mm}3, et qu'elles ne passent point dans une seconde lunette du diamètre de 17^{mm}1.

Ustensiles et objets nécessaires à la confection des cartouches à double enveloppe.

Une table, des bancs, des caisses sans couvercles pour poser les cartouches roulées.

Des mandrins en laiton et en bois, ou même, au besoin, tout entiers en bois et conformes au croquis coté (fig. 3). Des bouts de canon du calibre de 17^{mm}6, ou au besoin un canon de carabine pour calibrer les cartouches, une mesure à poudre contenant la charge de 4 grammes 50 cent., un entonnoir pour remplir les cartouches, du savon pour frotter les mandrins, de la poudre en tas dans la caisse à poudre, du papier, du carton, des balles, des couteaux pour couper le papier et le carton, une règle en fer pour diriger le couteau dans la coupe du carton, des bouts de ficelle, du suif et de la cire mélangés dans les proportions indiqués ci-dessus, une petite chaudière peu profonde, ou au besoin un vase de terre pour faire fondre la graisse, des caisses ou des barils destinés à recevoir les paquets de cartouches.

CONFECTION DES CARTOUCHES.

1° *Roulage.*—Pour rouler la cartouche, placer un rectangle de carton sur un petit trapèze, l'un des grands côtés du rectangle débordant de 0^m,001 la petite base du trapèze, l'un des petits côtés du même rectangle coïncidant avec le côté du trapèze perpendiculaire aux bases. Poser le mandrin sur le carton, parallèlement aux petits côtés du rectangle, le rebord du mandrin joignant le grand côté de ce rectangle, la cavité tournée du côté de la grande base du trapèze; rouler ensemble sur le mandrin le rectangle de carton et le trapèze de papier; placer le mandrin verticalement, l'extrémité non garnie appuyée sur la table, maintenir le rouleau avec la main gauche; faire un premier pli, en commençant par l'angle aigu du trapèze et en enfonçant le papier qui dépasse le carton, dans la cavité du mandrin : faire un second pli, opposé au premier, en enfonçant le restant du papier dans la cavité. Prendre une balle, introduire la partie ogivale dans la cavité du mandrin, pour serrer les plis, en ayant soin de ne point déchirer ni trouer le papier. Le mandrin étant ainsi garni de l'étui de la poudre, prendre un grand trapèze enveloppe de balle, placer le mandrin garni perpendiculairement aux bases du trapèze, engager et serrer l'ogive de la balle dans la cavité, la partie plane postérieure de la balle à 0,012 de la grande base du trapèze. Rouler l'enveloppe sur la balle et sur le mandrin garni, faire quatre plis sur la base plane de la balle, en commençant par l'angle aigu du trapèze , serrer les plis en frottant et pressant la base de la cartouche sur la table. Pour retirer le mandrin, appuyer la base de la cartouche sur la table, serrer l'étui de carton avec la main gauche, soulever le mandrin avec la main droite, placer ensuite la cartouche roulée dans la boîte.

2° *Remplissage.*—Les cartouches étant debout dans les caisses, les remplir en tenant de la main gauche l'entonnoir que l'on engage dans la cartouche, et de l'autre la petite mesure avec laquelle on puise dans le tas de poudre, d'une manière uniforme.

3° *Pliage.* — Pour plier la cartouche, la tenir droite, la base touchant la table; frapper légèrement plusieurs coups sur la table, avec la base de la cartouche, afin de tasser la poudre; faire rentrer le papier qui dépasse le carton dans l'intérieur de l'étui, en serrant le papier sur les bords du carton, pour que la balle soit réunie à l'étui de la poudre. Plier et serrer le papier dans l'intérieur de l'étui, afin de mieux tasser et conserver la poudre; laisser en dehors de l'étui, sur le côté de la cartouche, un centimètre environ de la longueur du trapèze roulé.

4° *Graissage.*—Tremper dans le bain de graisse, une à une par la base, sur une longueur de $0^m,01$, les cartouches pliées.

6° *Empaquetage.*—Placer sur l'enveloppe rectangulaire deux couches de 3 cartouches chacune, les balles alternant dans chaque couche et d'une couche à l'autre, les cartouches parallèles aux petits côtés du rectangle; envelopper et serrer fortement, rabattre et plier le papier qui dépasse les bouts. Placer le petit sachet de capsules sous le pli de l'un des côtés du paquet de cartouches. Lier le paquet dans la longueur, puis dans la largeur, avec un bout de ficelle arrêté par un nœud droit gansé.

Pour faire le sachet de 8 capsules, on se sert d'une petite fourchette en laiton, mais on peut employer au besoin une fourchette en bois que l'on construit facilement avec un couteau. La fourchette en bois est représentée par un croquis coté (*fig.* 4).

Le sachet se compose, 1° d'un rectangle de papier à cartouches ayant $0^m,18$ de base et $0^m,12$ de hauteur; 2° d'une languette formée au moyen d'un rectangle de papier plié en quatre dans le sens de sa longueur. Le rectangle de la languette à $0^m,12$ de base et $0^m,09$ de hauteur. Il est la moitié du premier rectangle.

Pour construire le sachet, on place le grand rectangle sur la table, et la fourchette à plat sur le rectangle parallèlement aux petits côtés, à 0^m,035 environ du petit côté le plus rapproché du corps; le manche de la fourchette à droite; l'extrémité des dents à 0^m,035 environ de la base de gauche. On place ensuite les capsules sur deux rangées de quatre entre les dents de la fourchette, les rebords en dessous. On met la languette entre les deux rangées de capsules, une de ses extrémités sur les deux capsules de droite, l'autre débordant à gauche la base du rectangle. On relève la partie du rectangle qui se trouve du côté du corps, on la replie sur la fourchette et la languette; on saisit alors la fourchette en serrant le papier des deux mains, et on la fait tourner pour l'envelopper avec la partie libre du rectangle. Il faut ensuite replier sur le rectangle le bout de la languette qui déborde; faire un second pli sur les capsules avec la partie du rectangle qui déborde les dents; retirer la fourchette de la main droite en maintenant les capsules avec les trois premiers doigts de la main gauche. Faire un dernier pli sur le sachet avec la partie du rectangle qui enveloppait le manche de la fourchette.

DES CARTOUCHES SANS BALLES.

Les cartouches sans balles se composent d'un trapèze en papier et d'une charge de poudre de 7 grammes. Il est essentiel que la charge de poudre soit bien de 7 grammes, afin que le soldat, en bourrant le papier sur la poudre, ne puisse jamais dégrader la fraisure de baguette sur la tige. Il faut 6 gr. 30 de poudre pour remplir l'espace compris entre la tige et les parois du canon. A la rigueur, on ne risquerait pas de toucher la tige avec la baguette, en employant une charge de 6 grammes; mais pour suppléer à la perte d'une partie de la charge, il convient de ne jamais faire des cartouches à blanc contenant moins de 7 grammes de poudre.

Le trapèze des cartouches sans balles a 0^m,105 de hauteur, 0^m,115 de grande base, et 0^m,06 de petite base.

On roule ces cartouches sur un mandrin du diamètre de 0^m,016, d'une longueur de 0^m,19, hémisphérique à l'une de ses extrémités. En formant les plis sur la partie arrondie du mandrin, on a soin de tordre le quatrième pli avant de le rabattre. Après avoir roulé et plié le trapèze sur le mandrin, on se sert d'un dé (*fig.* 5) ou d'un sabot (*fig.* 6), pour serrer les plis. On coiffe avec le dé la partie arrondie du mandrin enveloppé, on tient le pouce de la main droite sur le dé, et avec les doigts de cette main, on serre le dé et le mandrin; on frappe ensuite deux ou trois coups sur la table. Lorsqu'on emploie le sabot, on engage la partie du mandrin sur laquelle sont formés les plis, dans le trou du sabot, et l'on presse le mandrin dans le fond du trou, en tournant la main pour bien serrer les plis; on dégage l'étui de papier, et on le pose dans la caisse.

Les cartouches sans balles sont remplies à l'aide d'une mesure contenant 7 grammes de poudre.

Pour plier les cartouche sans balles, on forme un premier pli rectangulaire, en croisant le bout libre du trapèze sur la poudre; on fait ensuite un second pli pour ramener le bout libre sur la cartouche.

L'empaquetage des cartouches sans balles se fait comme celui des autres cartouches, mais les paquets renferment 10 cartouches au lieu de 6, les sachets 12 capsules au lieu de 8. Le sachet de 12 capsules peut se confectionner avec la fourchette en bois qui sert à construire les sachets de 8. On place les capsules par rangée de 6 entre les dents de la fourchette, en ayant soin de mettre dans chaque rangée les rebords alternativement en dessus et en dessous. De cette manière, la longueur du sachet est assez petite pour ne point déborder les côtés du paquet. L'enveloppe du paquet est en papier de cartouches, et peut avoir les mêmes dimensions que celles du paquet de 6 cartouches à balles. La longueur du bout de ficelle est la même pour les deux espèces de paquets.

Ces détails sur la confection des munitions sont placés dans l'instruction provisoire, à titre de renseignements utiles en certaines circonstances ; mais on ne doit point en charger la mémoire des sous-officiers, encore moins celle des soldats.

CIBLES, CORDEAUX, ETC.

Indépendamment des munitions, le matériel nécessaire à l'instruction de tir d'un régiment se compose :

1° De 4 cibles, par bataillon.
2° De 4 doubles cibles, par bataillon.

La double cible ne diffère de la cible simple que par sa largeur qui est de 1 mètre.

Les buts sur lesquels on dirigera les coups, dans les divers exercices de tir, seront établis conformément aux prescriptions, avec des cibles simples, ou des doubles cibles, ou avec les deux espèces de cibles réunies, suivant qu'on le trouvera plus convenable.

Les anciennes cibles, dont la largeur est de

0^m,57, doivent être ramenées à celle de 0^m,50 ; il sera très facile d'effectuer cette modification.

3° D'un chevalet de pointage, par compagnie ; d'un chevalet de pointage, pour les jeunes soldats.

Si l'on obtient, comme cela est certainement possible, de bons résultats en employant les sacs de pointage, on devra, tout en utilisant les chevalets existants, faire à l'avenir l'économie des frais de construction de ces appareils. Les sacs renfermant les capsules ont des dimensions qui permettent de les employer comme sacs de pointage.

4° De deux cordeaux de 25 mètres, à poignées en bois, par compagnie ; de 6 cordeaux semblables, pour les jeunes soldats de chaque bataillon.

5° De deux doubles mètres gradués et ferrés à chaque extrémité, par compagnie.

6° D'une chaîne d'arpenteur pour la mesure exacte des distances de tir, par bataillon.

7° D'un panneau circulaire et d'une règle graduée, pour la mesure de l'adresse des tireurs, par régiment.

8° D'un fanion, par compagnie ; de deux fanions, pour les jeunes soldats de chaque bataillon.

9° De couleur noire, pinceaux, papier, colle, pour la réparation des cibles.

La cible se compose de 2 montants en fer assemblés au moyen de 4 traverses rivées sur les montants. Les montants se terminent par des pointes qui dépassent la traverse inférieure de 0^m,15 environ. Ces pointes servent à planter la cible dans le sol. Un arc-boutant en fer, indépendant de la cible, sert à la maintenir par derrière. Lorsque la cible est plantée, on engage le crochet de l'arc-boutant dans l'anneau faisant corps avec la seconde traverse, le bec du crochet en dessus; on plante l'arc-boutant, et la cible se trouve fixée.

Le cadre en fer de la cible est revêtu d'un manchon en toile de coton, recouvert de papier collé.

Après le tir, on colle des morceaux de papier sur les trous, et à la longue, ces morceaux collés et superposés forment à la surface de la cible une feuille de carton résistant.

Ces cibles sont d'un très bon entretien.

Sur le champ de tir, il faut avoir soin de placer la surface de la cible dans un plan vertical perpendiculaire au plan de tir, et d'aplanir le terrain devant elle. On perdra beaucoup de ricochets, si on plante les cibles à une certaine hauteur, sur un talus fortement incliné.

CHAPITRE QUATRIÈME.

Des Livrets de tir.

Un livret de tir est tenu dans chaque compagnie par le sergent-instructeur de tir, sous la surveillance du commandant de la compagnie.

Le livret de tir des jeunes soldats et celui de bataillon sont tenus par le lieutenant-instructeur de tir du bataillon.

Le livret de régiment est tenu par le capitaine-instructeur de tir.

Le livret de compagnie contient les résultats de tir obtenus par les sous-officiers, caporaux et anciens soldats de la compagnie.

Le livret des jeunes soldats, semblable à celui de chaque compagnie, contient les résultats de tir des jeunes soldats du bataillon.

Le livret de bataillon est un résumé des notes contenues dans les livrets de compagnie et dans celui des jeunes soldats.

Le livret de régiment est le résumé des notes contenues dans les livrets de bataillon.

LIVRETS DE TIR

de Compagnie, de Bataillon, et de Régiment.

ANNÉE 1849.

Livret de Tir de Compagnie.

1er RÉGIMENT D'INFANTERIE DE LIGNE. 2e BATAILLON.

1re COMPAGNIE.

Premier relevé des balles mises dans les cibles aux diverses distances de tir, par les sous-officiers, caporaux et anciens soldats.

N° d'ord.	NOMS.	GRADES.	12 avril. 150m	14 avril. 225m	17 avril. 250m	21 avril. 300m	22 avril. 325m	24 avril. 350m	25 avril. 400m	TOTAUX des balles mises.
1	Valouse. . . .	Serg.-major.	4	3	3	2	3	4	3	22
2	Renard. . . .	Serg. de tir.	4	4	4	3	4	4	4	27
3	Guérin. . . .	Sergent. . .	4	4	3	2	3	4	2	22
4	Fournès. . .	id. . . .	4	4	4	3	3	4	4	26
5	Verger. . . .	id. . . .	4	3	4	3	1	3	1	19
6	Grus.	Fourrier. . .	4	3	3	3	2	3	2	20
7	Nance. . . .	Caporal. . .	3	2	0	4	1	2	1	13
8	Mancy. . . .	id. . . .	4	3	4	3	»	»	»	14
9	Vallières. . .	id. . . .	2	3	2	2	2	1	2	14
	À reporter		33	29	27	25	19	25	19	177

13.

N° d'ord.	NOMS.	GRADES.	12 avril. 450m	14 avril. 225m	17 avril. 250m	21 avril. 300m	22 avril. 325m	24 avril. 350m	25 avril. 400m	TOTAUX des balles mises.
	Report.		33	29	27	23	19	25	19	177
10	Vincelles	Caporal	4	3	3	2	»	3	2	17
66	Montaigu	Carabinier	4	4	4	4	4	4	4	28
67	Macornay	id.	4	4	4	4	3	4	4	27
68	Sellières	id.	4	4	5	4	4	4	4	27
69	Montpôle	id.	4	3	0	2	«	3	2	14
70	Selvan	id.	2	2	3	3	1	0	2	15
	TOTAUX des balles mises.		210	200	200	180	150	160	130	1250
	TOTAUX des balles tirées.		276	272	268	272	260	276	200	1884
	Pour 100.		76.1	73,5	74,6	63,2	57,7	58,0	50,0	65,5
	Liste supplém.re des hom.s venus d'autres comp.									
	Lamy	Caporal	5	2	1	5	2	1	2	14

Deuxième relevé des balles mises dans les cibles aux diverses distances de tir, par les sous-officiers, caporaux et anciens soldats.

Nos d'ordre	CLASSE DE 1re FORMATION. NOMS.	GRADES.	TOTAUX des balles déjà tirées.	TOTAUX des balles déjà mises.	2 mai. 450 mét.	4 mai. 500 mét.	8 mai. 600 mét.	14 mai. 700 mét.	17 mai. 800 mét.	TOTAUX des balles tirées.	TOTAUX des balles mises.
	1re classe des sous-officiers.										
1	Renard.	Sergent.	28	27	3	2	1	2	2	48	37
2	Fournès.	id.	28	26	4	3	4	3	2	48	42
3	Valouse.	Serg.-maj.	28	22	3	3	3	2	1	48	34
	Guérin.	Sergent.	28	22	2	2	3	2	1	48	32
5	Grus.	Fourrier.	28	20	0	2	0	»	0	44	22
6	Verger.	Sergent.	28	19	2	1	0	0	1	48	23
	Totaux des balles mises.			136	14	13	11	9	7		190
	Totaux des balles tirées.		168		24	24	24	20	24	284	
	Pour 100.			81,0	58,5	54,2	45,8	45,0	29,2		66,9
	2e classe des sous-officiers. Néant.										

Nos d'ordre	NOMS.	GRADES.	TOTAUX des balles déjà tirées.	déjà mises.	2 mai. — 450 mèt.	4 mai. — 500 mèt.	8 mai — 600 mèt.	14 mai. — 700 mèt.	17 mai. — 800 mèt.	TOTAUX des balles tirées.	mises.
	CLASSE DE 1re FORMATION.										
	3ª classe des sous-officiers.										
	Néant.										
	1re classe des caporaux et soldats.										
1	Montaigu.	Carabinier	28	28	4	4	4	3	3	48	46
	Macornay.	id. . .	28	27	4	3	4	5	3	48	44
2	Sellières..	id. . .	28	27	5	4	4	5	3	48	44
	Totaux des balles mises.		. .	588	60	62	50	48	40	. . .	848
	Totaux des balles tirées.		840	. .	120	120	112	116	112	1420	. . .
	Pour 100.		. .	70,0	50,0	51,7	44,6	41,4	35,7	. . .	59,7
	Liste supplémentaire des hommes venus d'autres compagnies.										
	Valmart.	Caporal. .	28	24	4	4	2	1	2	48	57

1er RÉGIMENT D'INFANTERIE DE LIGNE. — 2e BATAILLON.

1re COMPAGNIE.

Liste des classes de seconde formation des sous-officiers, caporaux et anciens soldats.

Nos d'ordre.	NOMS.	GRADES.	Balles tirées.	Balles mises.	Nos d'ordre.	NOMS.	GRADES.	Balles tirées.	Balles mises.
	1re classe des sous-officiers.					*3e classe des sous-officiers.*			
1	Fournès	Sergent. .	48	42					
2	Renard.	Serg. de tir.	48	57		*Néant.*			
5	Valouse.	Serg. – maj.	48	34					
4	Guérin.	Sergent. .	48	52		*1re classe des caporaux et soldats.*			
	TOTAUX.	. . . . . .	192	143					
	2e classe des sous-officiers.				1	Montaigu.	Carabinier.	48	46
1	Verger.	Sergent. .	48	25	2	Macorny..	id.	48	44
2	Grus.	Fourrier. .	44	22	5	Sellières.	id.	48.	44
	TOTAUX.	. . . . . .	92	45		À reporter. . .	. . . . . .	144	154

Relevé des balles mises dans les cibles par les différentes classes de tireurs.

NUMÉROS DES CLASSES.	CLASSES DE 1re FORMATION.				CLASSES DE 2e FORMATION.			
	Nombre de tireurs.	Balles tirées.	Balles mises.	Pour 100.	Nombre de tireurs.	Balles tirées.	Balles mises.	Pour 100.
SOUS-OFFICIERS.								
1re classe.	6	168	136	81,0	4	192	145	75,5
2e classe.	0	0	0	0,0	2	92	45	48,9
3e classe.	0	0	0	0,0	0	0	0	0,0
Totaux et moyennes.	6	168	136	81,0	6	284	190	66,9
CAPORAUX ET ANCIENS SOLDATS.								
1re classe.	30	840	588	70,0	29	960	576	60,0
2e classe.	20	552	240	43,5	20	940	376	40,0
3e classe.	24	660	200	30,3	34	1600	320	20,0
Totaux et moyennes.	74	2052	1028	50,1	74	3500	1272	36,3
SOUS-OFFICIERS, CAPORAUX ET ANCIENS SOLDATS RÉUNIS.								
1re classe.	36	1008	724	71,8	24	1152	721	62,5
2e classe.	20	552	240	43,5	22	1032	421	40,8
3e classe.	24	660	200	30,3	34	1600	320	26,0
Totaux et moyennes.	80	2220	1164	52,5	80	3784	1462	38,6

FEUX DE TIRAILLEURS.

CLASSES DE 2e FORMATION.	1re SÉANCE DU 1er JUIN. Distance de la base du mouvement à la ligne des cibles, 550 mètres.				2e SÉANCE DU 5 JUIN. Distance de la base du mouvement à la ligne de cibles, 570 mètres.			
	Nombre de tireurs	Balles tirées	Balles mises.	Pour 100.	Nombre de tireurs.	Balles tirées.	Balles mises.	Pour 100.
1re classe.	20	200	50	25,0	20	200	40	20,0
2e classe.	20	200	40	20,0	20	200	50	15,0
3e classe.	54	340	40	11,8	50	500	36	12,0
Totaux et moyennes.	74	740	130	17,6	70	700	106	15,1

FEUX DE DEUX RANGS ET DE PELOTON.

ESPÈCE DE FEUX.	Date des séances.	Distances de tir.	Nombre d'hommes.	Balles tirées.	Balles mises.	Pour 100.
FEUX DE DEUX RANGS.	15 juin.	300m	70	420	230	59,5
	20 id.	400	72	432	260	46,3
Totaux et moyennes.				852	450	52,8
FEUX DE PELOTON..	15 juin.	300	70	140	60	42,9
	20 id.	400	72	144	48	33,3
Totaux et moyennes				284	108	38,0

Tireurs de 1re classe admis aux concours du régiment.

N^{os} d'ordre	NOMS.	GRADES.	Balles tirées.	Balles mises.	N^{os} d'ordre	NOMS.	GRADES.	Balles tirées.	Balles mises.
	Sous-officiers.								
3	Fournès.	Sergent.	48	42	28	Michaud.	carabinier	48	43
	Caporaux et anc. soldats.								
1	Montaigu.	Carabinier	48	46	29	Guy.	id.	48	43
3	Macornay.	id.	48	44					
4	Sellières.	id.	48	44					

Prix de tir gagnés par la compagnie.

	NOMS.	GRADES.
1er Prix de tir du régiment.	Montaigu.	Carabinier.
1er Prix de tir des sous-officiers.	»	»
2e Prix idem.	Fournès.	Sergent.
1er Prix des caporaux et soldat.	»	»
2e Prix idem.	»	»
3e Prix idem.	»	»
4e Prix idem.	Montaigu.	Carabinier.
5e Prix idem.	Macornay.	»
6e Prix idem.	Sellières.	»
7e Prix idem.	Lemonnier.	Jeune soldat.
8e Prix idem.		»
9e Prix idem.		»

Vincennes, le 1er septembre 1849.

Le Commandant de la compagnie,

Le Sergent instructeur de tir,

Le Commandant du bataillon,

Résultats généraux du tir de l'année 1850.

Nᵒˢ des compagnies.	Nᵒˢ des classes.	SOUS-OFFICIERS.															
		CLASSES DE 1ʳᵉ FORMATION.								CLASSES DE 2ᵉ FORMATION.							
		Nombre de tireurs.	Totaux des tireurs.	Nombre de balles tirées.	Totaux des balles tirées.	Nombre de balles mises.	Totaux des balles mises.	Pour 100.	Pour 100 moyen.	Nombre de tireurs.	Totaux des tireurs.	Nombre de balles tirées.	Totaux des balles tirées.	Nombre de balles mises.	Totaux des balles mises.	Pour 100.	Pour 100 moyen.
G	1	5		140		80		57,1		3		140		100		71,4	
	2	1	6	28	168	12	92	42,9	54,8	2	6	92	276	40	151	43,5	54,7
	3	0		0		0		0		1		44		11		25,0	
1ʳᵉ	1	3		86		60		75,0		6		280		210		75,0	
	2	3	6	84	161	45	105	53,6	64,0	0	6	0	280	0	210	0	75,0
	3	0		0		0		0		0		0		0		0	
2ᵉ	1	1		28		20		71,4		5		240		140		58,3	
	2	3	6	80	160	38	73	47,5	45,6	0	6	0	264	0	150	0	56,8
	3	2		52		15		28,8		1		44		10		22,7	
V	1	1		28		20		71,4		0		0		0		0	
	2	0	6	0	160	6	40	0	25,0	1	6	48	248	22	92	45,8	37,4
	3	5		132		20		15,2		5		220		70		31,8	
TOTAUX et moyennes.			48		1280		600		46,9		47		2080		1040		50,0

CAPORAUX ET ANCIENS SOLDATS.

CLASSES DE 1re FORMATION.

N°s des compagnies.	N°s des classes.	Nombre de tireurs.	Totaux des tireurs.	Nombre de balles tirées.	Totaux des balles tirées.	Nombre de balles mises.	Totaux des balles mises.	Pour 100.	Pour 100 moyen.
G	1	20		560		320		57,1	
	2	30	70	800	1912	380	843	47,5	41,4
	3	20		552		148		26,8	
11e	1	15		420		250		59,5	
	2	15	72	415	1935	260	730	48,1	40,8
	3	42		1100		510		50,9	
V	1	25		700		450		64,3	
	2	10	73	273	1975	130	780	47,1	38,5
	3	33		1000		200		20,0	
TOTAUX et moyennes.		538		15520		6480			41,8

CLASSES DE 2e FORMATION.

N°s des compagnies.	N°s des classes.	Nombre de tireurs.	Totaux des tireurs.	Nombre de balles tirées.	Totaux des balles tirées.	Nombre de balles mises.	Totaux des balles mises.	Pour 100.	Pour 100 moyen.
G	1	15		680		350		51,5	
	2	25	70	1140	3180	500	1190	43,9	37,4
	3	33		1360		340		25,0	
11e	1	10		480		270		56,2	
	2	15	72	676	3256	320	1115	47,3	34,2
	3	47		2100		525		23,6	
V	1	20		940		490		52,1	
	2	12	73	560	3300	260	1200	46,4	36,1
	3	41		1800		450		25,0	
TOTAUX et moyennes.		506		25600		9600			37,5

JEUNES SOLDATS.

N°s des classes.	Nombre de tireurs.	Totaux des tireurs.	Nombre de balles tirées.	Totaux des balles tirées.	Nombre de balles mises.	Totaux des balles mises.	Pour 100.	Pour 100 moyen.	Nombre de tireurs.	Totaux des tireurs.	Nombre de balles tirées.	Totaux des balles tirées.	Nombre de balles mises.	Totaux des balles mises.	Pour 100.	Pour 100 moyen.
1	40		1120		700		62,4		30		1450		750		52,1	
2	30	110	810	3920	400	1730	47,6	45,4	30	140	1410	6720	680	2320	47,2	34,7
3	70		1990		630		34,7		80		3840		960		23,4	

RÉCAPITULATION des résultats obtenus dans le tir à la cible, par les sous-officiers, les caporaux, les anciens et les jeunes soldats

Sur 31,160 balles tirées, 12,970 dans le but : 37,7 pour 100.

CAPORAUX ET ANCIENS SOLDATS.

N⁰ˢ des compagnies.	N⁰ˢ des classes.	1ʳᵉ DISTANCE DE MÈTRES.						2ᵉ DISTANCE DE MÈTRES.					
		Balles tirées.	Totaux des balles tirées.	Balles mises.	Totaux des balles mises.	Pour 100.	Pour 100 moyen.	Balles tirées.	Totaux des balles tirées.	Balles mises.	Totaux des balles mises.	Pour 100.	Pour 100 moyen.
G	1	150		48		32,0		140		42		30,0	
	2	250	700	60	168	24,0	24,0	230	670	30	117	13,0	17,5
	3	300		60		20,0		380		45		15,0	
1ʳᵉ	1	100		30		30,0		190		40		40,0	
	2	150	720	40	140	26,7	19,4	140	700	40	170	25,6	24,3
	3	470		70		14,9		430		90		19,6	
. . .	.	.	.	.	.	.	.	.	.	.	.	.	.
V	1	200		60		30,0		240		60		30,0	
	2	120	730	30	140	25,0	19,2	120	720	30	160	25,0	22,2
	3	410		50		12,2		400		70		17,5	
Totaux et moyennes. . . .			5680		1459		25,7		5690		1122		20,0

JEUNES SOLDATS.

	1	300		99		30,0		300		87		29,0	
	2	300	1400	75	285	25,0	20,4	300	1400	69	256	23,0	18,3
	3	800		120		15,0		800		100		12,5	

RÉCAPITULATION des résultats obtenus par les caporaux, les anciens et les jeunes soldats, dans les feux de tirailleurs.

Sur 14,080 balles tirées : 3,122 dans le but : 22,2 pour 100.

CAPORAUX ET ANCIENS SOLDATS.

N.os des compagnies.	Distances de tir.	FEUX DE DEUX RANGS.						FEUX DE PELOTON.					
		Balles tirées.	Totaux des balles tirées.	Balles mises.	Totaux des balles mises.	Pour 100.	Pour 100 moyen.	Balles tirées.	Totaux des balles tirées.	Balles mises.	Totaux des balles mises.	Pour 100.	Pour 100 moyen.
G	300 / 400	420 / 420 } 840		300 / 250 } 550		71,4 / 59,5 } 65,5		280 / 280 } 560		120 / 100 } 220		42,9 / 35,7 } 39,3	
1.re	300 / 400	432 / 426 } 858		301 / 254 } 555		69,7 / 59,6 } 64,7		284 / 292 } 576		120 / 120 } 240		42,3 / 41,1 } 41,7	
V	300 / 400	420 / 420 } 840		310 / 300 } 610		73,8 / 71,4 } 72,6		280 / 280 } 560		130 / 120 } 250		46,4 / 42,9 } 44,6	
Totaux et moyennes. . .		6720		4480		66,7		4500		1920		42,7	

JEUNES SOLDATS.

	300 / 400	840 / 840 } 1680		604 / 531 } 1135		71,9 / 63,2 } 67,6		560 / 560 } 1120		280 / 280 } 560		50,0 / 50,0 } 50,0	

RÉCAPITULAT. des résultats obtenus par les caporaux, les anciens et les jeunes soldats, dans les feux de deux rangs et de peloton.

Sur 14,020 balles tirées, 8,095 dans le but : 57,7 pour 100.

Liste des tireurs de 1ʳᵉ classe admis aux concours du régiment.

CONCOURS DES SOUS-OFFICIERS.

Nᵒˢ d'ordre.	NOMS.	Grades.	Compagnies.	Balles tirées.	Balles mises.	Nᵒˢ d'ordre.	NOMS.	Grades.	Compagnies.	Balles tirées.	Balles mises.

CONCOURS DES CAPORAUX ET SOLDATS.

Nᵒˢ d'ordre.	NOMS.	Grades.	Compagnies.	Balles tirées.	Balles mises.	Nᵒˢ d'ordre.	NOMS.	Grades.	Compagnies.	Balles tirées.	Balles mises.

Liste des tireurs ayant gagné les prix.

DÉSIGNATION DES PRIX.	NOMS.	GRADES	COMPA-GNIES.
1er Prix de tir du régiment.			
1er Prix des Sous-Officiers.			
2e Prix Id.			
1er Prix des Caporaux et Soldats.			
2e Prix Id.			
3e Prix Id.			
4e Prix Id.			
5e Prix Id.			
6e Prix Id.			
7e Prix Id.			
8e Prix Id.			
9e Prix Id.			

Paris, le 28 septembre 1850.

Le Lieutenant-instructeur de tir.

OBSERVATIONS.

Le Commandant du bataillon.

Livret de Tir du 20e Régiment d'infanterie légère.

Résultats généraux du Tir à la cible, de l'année 1850.

NUMÉROS des bataillons.	CLASSES DE 1re FORMATION.				CLASSES DE 2e FORMATION.			
	Nombre de tireurs.	Nombre de balles tirées.	Nombre de balles mises.	Pour 100.	Nombre de tireurs.	Nombre de balles tirées.	Nombre de balles mises.	Pour 100.
SOUS-OFFICIERS.								
1er	46	1260	630	50,0	47	2230	1000	45,0
2	45	1212	6..	48,3	45	2220	980	45,2
3	47	1264	652	51,6	46	2180	1070	49,1
Tot. et moyenne s.	138	3766	1882	50,0	138	6525	3050	46,8
CAPORAUX ET ANCIENS SOLDATS.								
»	»	»	»	»	»	»	»	»
»	»	»	»	»	»	»	»	»
»	»	»	»	»	»	»	»	»
»	»	»	»	»	»	»	»	»
JEUNES SOLDATS.								
»	»	»	»	»	»	»	»	»
»	»	»	»	»	»	»	»	»

RÉCAPITULATION des résultats obtenus dans le Tir à la cible par les sous-officiers, les caporaux, les anciens et les jeunes soldats du régiment.   Sur   balles tirées ;   dans le but :   pour 100

FEUX DE TIRAILLEURS.

NUMÉROS des bataillons.	1ʳᵉ DISTANCE DE MÈTRES.			2ᵉ DISTANCE DE MÈTRES.		
	Nombre de balles tirées.	Nombre de balles mises.	Pour 100.	Nombre de balles tirées.	Nombre de balles mises.	Pour 100.
CAPORAUX ET ANCIENS SOLDATS.						
1ᵉʳ						
2ᵉ						
3ᵉ						
Totaux et moyennes.						
JEUNES SOLDATS.						
1ᵉʳ						
2ᵉ						
3ᵉ						
Totaux et moyennes.						

RÉCAPITULATION des résultats obtenus dans les feux de tirailleurs, par les caporaux, les anciens et les jeunes soldats du régiment.   Sur   balles tirées :   dans le but,   pour 100.

FEUX DE DEUX RANGS ET DE PELOTON.

NUMÉROS des bataillons.	FEUX DE DEUX RANGS.			FEUX DE PELOTON.		
	Nombre de balles tirées.	Nombre de balles mises.	Pour 100.	Nombre de balles tirées.	Nombre de balles mises.	Pour 100.
CAPORAUX ET ANCIENS SOLDATS.						
1er						
2e						
3e						
Totaux et moyennes.						
JEUNES SOLDATS.						
1er						
2e						
3e						
Totaux et moyennes.						

RÉCAPITULATION des résultats obtenus dans les feux de deux rangs et de peloton, par les caporaux, les anciens et les jeunes soldats du régiment.　　Sur　　　　balles tirées　　　　; dans le but :　　　　pour 100.

Le livret de régiment contient, à la suite des états indiqués ci-dessus, la liste des tireurs admis au concours du régiment, et celle des tireurs ayant gagné les prix. Ces deux listes sont pareilles à celles de même nature qui font partie du livret de bataillon, avec cette différence qu'elles sont établies pour un plus grand nombre d'hommes, et qu'elles renferment une colonne de plus, pour les bataillons.

Le livret de tir du régiment est signé par le capitaine-instructeur de tir. Il se termine par des observations au-dessous desquelles le lieutenant-colonel appose sa signature.

FIN DE L'INSTRUCTION.

TABLE DES MATIÈRES.

TITRE Ier.

BASES DE L'INSTRUCTION DE TIR DANS LES RÉGIMENTS D'INFANTERIE.

TITRE II.

THÉORIE DU TIR.

TITRE III.

THÉORIE ET PRATIQUE DE L'APPRÉCIATION DES DISTANCES.

TITRE IV.

PRATIQUE DU TIR.

TITRE V.

NOTIONS COMPLÉMENTAIRES.

FIN DE LA TABLE.

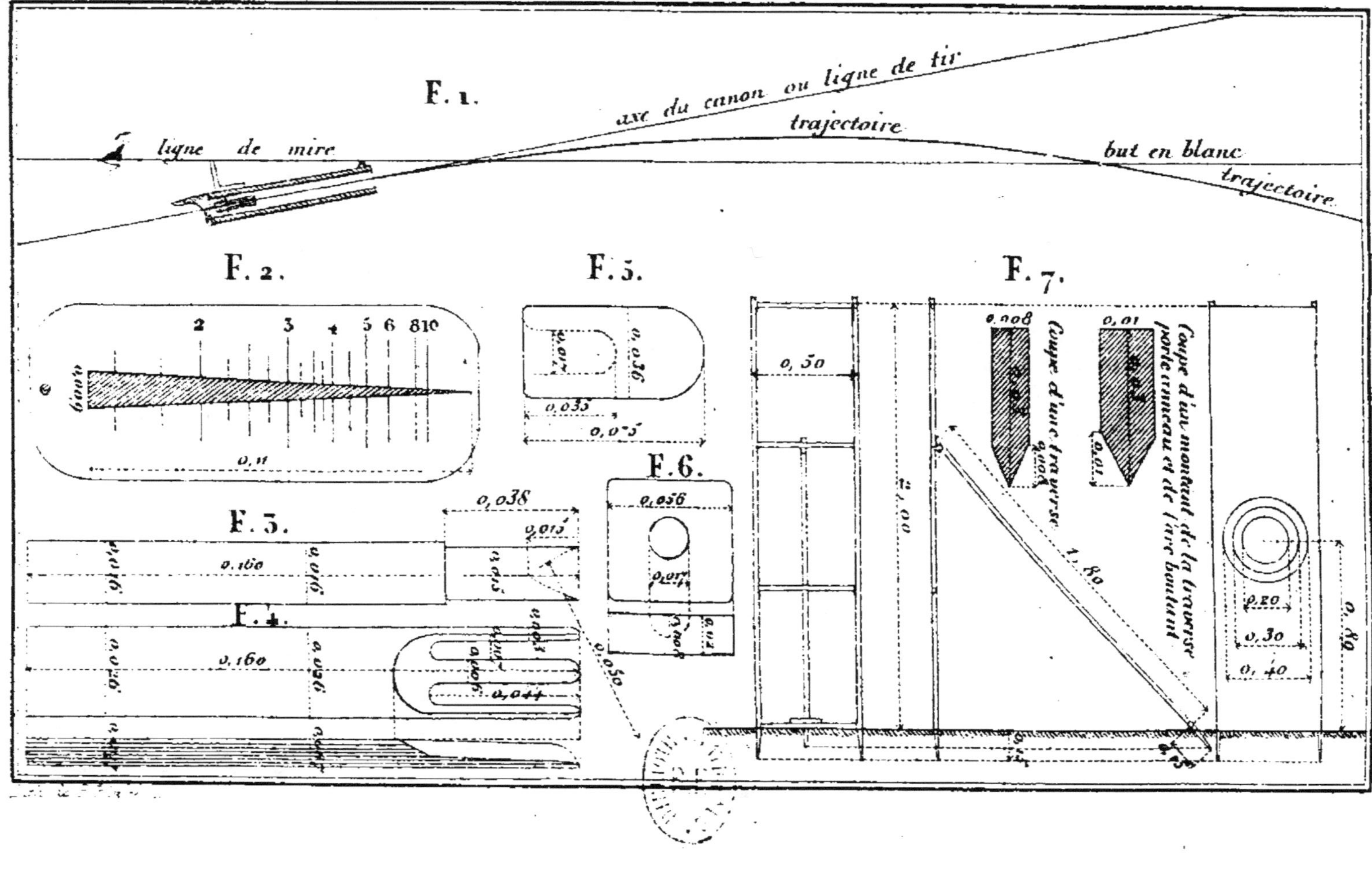

F. 1.
axe du canon ou ligne de tir
ligne de mire
trajectoire
but en blanc
trajectoire
F. 2.
2 3 4 5 6 810
0,009
0,11
F. 5.
0,017
0,036
0,035
0,05
F. 6.
0,056
0,017
0,008
0,02
F. 3.
0,038
0,015
0,160
0,016
0,016
F. 4.
0,160
0,036
0,006
0,005
0,004
0,044
0,050
0,50
2,00
F. 7.
Coupe d'un montant de la traverse
porte anneau et de l'arc boutant
Coupe d'une traverse
0,008
0,008
0,03
0,01
0,01
0,01
1,80
0,20
0,30
0,40
0,80